HUIT FARCES POUR COLLÉGIENS

DU MÊME AUTEUR

Aux éditions Grasset-Jeunesse :

Histoire du Prince Pipo
Les contes de la Folie Méricourt
Contes d'ailleurs et d'autre part
Sept farces pour écoliers
Contes de la rue Broca
Autres contes de la rue Broca
Jean-Yves à qui rien n'arrive
Marelles

Aux éditions de la Table Ronde :

Pierrot la lune
L'incroyable équipée de Posphore Noloc
Diable, Dieu et autres contes de menterie
Contes de la rue Broca
La vie, la mort et la résurrection de Socrate-Marie Gripotard

Aux éditions L'Âge d'homme :

L'arrière-monde
Gueule d'Aminche
La solilesse, poèmes en vers
Frère Gaucher ou le voyage en Chine
Rêveries d'un Martien en exil
Pièces enfantines
Vies parallèles de Roman Branchu
Café-théâtre
Le conte de Paris
Paraboles et fariboles
Enfer de poche
Critique et autocritique
Pièces mystiques
Pièces poétiques
Les chants du nomade
Patrouille du conte
Reflets et réflexes
Gripari mode d'emploi (par Alain PAUCARD)
Adaptations théâtrales
La rose réaliste
Le canon
Nouvelles pièces enfantines
Nouvelles critiques
Moi, Mitounet-joli
Histoire de prose (pseudonyme : Rose LONDRES)
Le septième lot
Contes cuistres
Histoire du méchant Dieu
Notes d'une hirondelle
Les derniers jours de l'Éternel

PIERRE GRIPARI

HUIT FARCES POUR COLLÉGIENS

illustrées par
BOIRY

GRASSET JEUNESSE

La sorcière de la rue Mouffetard.
Le géant aux chaussettes rouges.
La fée du robinet.
La sorcière du placard aux balais.

sont adaptés de :
Les Contes de la rue Broca

ISBN 978-2-246-42491-8

LE BOURRICOT

(scène à trois)

Cette scène est librement inspirée d'une farce japonaise intitulée Jishaku. *Elle peut cependant être jouée en costumes paysans de chez nous. L'action se passe dans un marché aux bestiaux. Entrent* LUI *et* ELLE. LUI *est un paysan, petit et agressif, armé d'un bâton.* ELLE *est une paysanne assez grande, plutôt forte et placide.*

ELLE. — Moi, je te dis que ça se peut pas !

LUI. — Et moi, je te dis que ça se peut !

ELLE. — Moi, je te dis qu'il faut pas !

LUI. — Et moi, je te dis qu'il faut !

ELLE. — Tu n'as pas le droit de faire ça !

LUI. — J'en ai le droit, que je te dis !

ELLE. — Enfin, quoi, je suis ta femme, oui ou non ?

LUI. — Justement parce que tu es ma femme !

ELLE. — Alors, là, je ne comprends plus !

LUI. — Hé là mon Dieu, qu'elle est bête ! C'est pourtant simple : tu es ma femme, tu viens de le dire ?

ELLE. — Ben, oui.

LUI. — Donc, je suis ton mari, par le fait ?

ELLE. — Ben, oui.

LUI. — Donc tu dois m'obéir !

ELLE. — T'obéir, t'obéir, moi je veux bien... mais ça dépend pour quoi !

LUI. — Y a pas de « ça dépend » ! Tu dois m'obéir, c'est tout !

ELLE. — Mais t'as pas le droit de me chasser !

LUI. — Et pourquoi que je te chasserais pas ?

ELLE. — Ben...

LUI. — C'est moi l'homme, oui ou non ?

ELLE. — C'est toi l'homme, oui, mais...

LUI. — Alors, si c'est moi l'homme, c'est moi qui décide.

ELLE. — Bon. Admettons. Tu es l'homme, tu décides. Tu as peut-être le droit de me chasser...

LUI. — Là ! Tu vois bien !

ELLE. — Mais t'as pas le droit de me vendre !

LUI. — En voilà ben une autre ! Et pourquoi donc ?

ELLE. — Ben, j'sais pas, moi...

LUI. — Tu vois bien ! Tu sais pas !

ELLE. — Enfin quoi, je suis une femme !

LUI. — Est-ce que je te dis le contraire ?

ELLE. — Je suis ta femme !

LUI. — Et moi je suis ton mari. Tu dois m'obéir.

ELLE. — Mais moi, je t'aime !

LUI. — Raison de plus. Si tu m'aimes, tu dois être contente de me rapporter de l'argent.

ELLE. — Et si je ne veux pas ?

LUI. — Si tu ne veux pas, c'est autre chose. Tu vois ce bâton ?

ELLE *(reculant)*. — Non, non !

LUI. — Je vois que tu m'as compris. Alors ?

ELLE. — C'est bon, tu es le plus méchant. Fais donc ce que tu veux.

LUI. — Voilà comme j'aime t'entendre causer. A présent, écoute-moi bien.

ELLE. — Je t'écoute.

LUI. — Voilà : tu es un bourricot.

ELLE. — Pardon ?

LUI. — Je te dis que tu es un bourricot. T'es sourde ?

ELLE. — Mais c'est pas vrai ! Je suis pas un bourricot !

LUI. — La v'là qui recommence ! Tu n'as donc rien compris ?

ELLE. — Mais...

LUI. — Écoute et ne me fais pas répéter trente-six fois la même chose. Tu sais bien que nous sommes pauvres ?

ELLE. — Oui, je le sais.

LUI. — Que nous n'avons plus d'argent ?

ELLE. — Oui... Non !

LUI. — Que nous n'avons plus rien à manger, est-ce vrai ?

ELLE. — Non... Oui !

LUI. — Il faut donc que je te vende !

ELLE. — Oui... Non...

LUI. — Quoi ?

ELLE. — Bon, d'accord.

LUI. — Seulement je ne peux pas te vendre comme femme, parce que, comme femme, t'es trop moche. Alors, je te vends comme bourricot.

ELLE. — Mais, voyons... est-ce que j'ai l'air d'un bourricot ?

LUI. — Ça, ce n'est pas ton affaire, c'est la mienne. Alors, maintenant, tu fais ce que je te dis, tu fermes ta grande gueule et tu ne réponds que si je t'interroge. D'accord ?

ELLE. — Comme tu veux. Mais...

LUI. — Plus un mot ! Je t'annonce ! *(Ton du bonimenteur de foire.)*

> Approchez, mesdames, messieurs !
> Ouvrez l'œil, ouvrez les yeux !
> J'ai un bourricot à vendre !
> Il est à qui veut le prendre !
> C'est un joli bourricot,
> Bien solide, bien costaud,
> Qui vous fera ben d'l'usage !
> Si un jour il n'est pas sage,
> Quelques bons coups de bâton
> Le mettront à la raison !

ELLE. — Non, mais dis donc !

LUI. — Toi, tu la boucles !

LE CLIENT. *(C'est un deuxième paysan, grand et fort. Il s'approche.)* — Pardon, m'sieur, excusez-moi si je me trompe...

J'entends dire comme ça que vous auriez un bourricot à vendre ?

LUI. — Parfaitement, monsieur.

LE CLIENT. — Et où est-il ?

LUI. — Ici.

LE CLIENT. — Où ça, ici ?

LUI. — Ben, ici... *(Un temps.)* — Vous ne voyez pas clair ?

LE CLIENT. — Vous ne voulez pas dire que madame...

LUI. — C'est pas une madame, c'est un bourricot.

LE CLIENT. — Excusez-moi, mais... elle n'en a pas l'air !

LUI. — Elle n'en a pas l'air, mais c'est un bourricot !

LE CLIENT. — Et... qu'est-ce qui me le prouve ?

LUI. — Comment ça, ce qui vous le prouve ? Est-ce que par hasard vous me prendriez pour un menteur ?

LE CLIENT. — Je ne dis pas ça, mais...

LUI. — Ce qui vous le prouve, c'est ma parole d'abord... et puis la sienne ensuite ! *(A elle.)* — Pas vrai, que t'es un bourricot ?

ELLE. — Oui, oui, je suis un bourricot !

LE CLIENT. — Alors, si c'est lui qui le dit... Mais au fait !

LUI. — Quoi ?

LE CLIENT. — Un bourricot, ça ne parle pas !

LUI. — Les autres, non, mais celui-ci, si !

LE CLIENT. — Ben comment que ça se fait ?

LUI. — Parce que c'est... un bourricot savant !

LE CLIENT. — Ah ! bon ! Mais dites-moi : je ne vois pas ses oreilles.

LUI. — Ben, les v'là ses oreilles !

LE CLIENT. — Mais elles sont toutes petites.

LUI. — Les souris les lui ont mangées.

LE CLIENT. — Ah ! bon ! Mais ses sabots...

LUI. — Ben, les v'là, ses sabots !

LE CLIENT. — Oui, mais... ce sont des sabots de gens, ce ne sont pas des sabots de bourricot !

LUI. — Et qu'est-ce que ça peut foutre, du moment que ce sont des sabots ?

LE CLIENT. *(Il recule d'un pas.)* — Ouais, ouais... Tout de même, pour un bourricot... il a une drôle d'allure !

LUI. — Qu'est-ce que vous lui trouvez, à son allure ?

LE CLIENT. — Ben, par exemple, il a des mains... C'est la première fois que je vois un bourricot avec des mains !

LUI. — Ça, c'est la race.

LE CLIENT. — La race ? Quelle race ?

LUI. — Une nouvelle race, comme ça. Le bourricot à mains. Ça lui permet de prendre les paquets, de se charger lui-même. C'est très pratique !

LE CLIENT. — Ça, pour être pratique... Mais ce n'est pas tout : il marche sur les pattes de derrière, votre bourricot...

LUI. — Oui. Et alors ?

LE CLIENT. — Alors, comment voulez-vous que je le charge ?

LUI. — Faites-lui porter des sacs, des colis sur l'épaule, une lessiveuse sur la tête, ou tirer une charrette...

ELLE *(protestant)*. — Une charrette, tu vas fort !

LUI *(menaçant)*. — Tu vas la boucler, oui ?

LE CLIENT. — Mais... il raisonne, en plus ?

LUI. — Oui, de temps en temps... Mais faut pas le laisser faire !

LE CLIENT. — Ça aussi, c'est la race ?

LUI. — Oui, c'est la race.

LE CLIENT. — Vous ne trouvez pas ça... bizarre ?

LUI. — Non, je trouve pas ça bizarre. Et même c'est ben utile !

LE CLIENT. — Utile, comment ça donc ?

LUI. — Ben oui, puisqu'il comprend le français... Il peut pas faire semblant d'ignorer ce qu'on lui veut... Alors il faut qu'il obéisse, pas vrai ? Ou bien qu'il dise pourquoi !

LE CLIENT. — C'est juste. Mais dans ce cas, je peux l'interroger ?

LUI *(réticent)*. — Euh... Oui, si vous voulez... Mais je vous préviens : il est très bête !

LE CLIENT. — Aucune importance... Dis-moi donc, bourricot !

LUI. — Eh bien quoi ? Réponds donc ! Tu vois ben que monsieur te cause !

ELLE. — Oui, monsieur ?

LE CLIENT. — C'est vrai que tu peux porter des sacs, des colis... et traîner une charrette ?

ELLE. — Pour la charrette, faut pas charrier quand même... Mais je peux tirer un diable, ou pousser une brouette, ça oui !

LE CLIENT. — Je vois. Tu n'es pas très costaud ?

ELLE. — Je ferai ce que je pourrai.

LE CLIENT. — Seras-tu content, au moins, si je t'achète ?

ELLE. — Moi ? Je m'en fiche pas mal !

LUI *(furieux)*. — Non, mais dis donc ! Qu'est-ce que c'est que ces manières ? Tu peux pas être polie ?

LE CLIENT. — Mais laissez-la, cette brave bête, elle m'a dit ce qu'elle pensait... Au fait, qu'est-ce qu'il mange, ce bourricot ? De l'herbe, du foin, de l'avoine ?

LUI. — Rien de tout ça ! Faites pas de cuisine exprès pour lui ! Il mangera comme vous !

LE CLIENT. — Comme moi ?

LUI. — Exactement ! Qu'est-ce que vous mangez, vous ?

LE CLIENT. — Je mange de la soupe, de

la légume, de la viande, du fromage...

LUI. — Eh ben, lui, c'est pareil !

LE CLIENT. — Mais dites donc, ça revient cher, tout ça !

LUI. — Dame ! C'est un bourricot savant !

LE CLIENT. — C'est bon. Combien en demandez-vous ?

LUI. — Ben, au début, comme ça, je pensais deux millions...

LE CLIENT *(sursautant).* — Quoi ?

LUI. — Mais après, je me suis dit que c'était peut-être un peu trop...

LE CLIENT. — Oui, un peu !

LUI. — Et puis vous me plaisez, vous avez une bonne tête...

LE CLIENT. — Merci !

LUI. — Et puis je suis pressé de vendre, j'ai besoin d'argent, vous avez de la chance...

LE CLIENT. — Tant mieux !

LUI. — Alors, pour vous, ce sera cinq cent mille francs !

LE CLIENT. — Je vois, je vois... *(Un temps.)* — Alors, moi, je vous en offre, disons... deux francs cinquante !

LUI *(sursautant).* — Combien ?

LE CLIENT. — Deux francs cinquante.

LUI. — C'est une plaisanterie, non ?

LE CLIENT. — Pas du tout.

LUI. — Vous n'êtes pas sérieux ?

LE CLIENT. — Si, si, je suis très sérieux ! Deux francs cinquante.

LUI. — Mais c'est de l'exploitation, du vol, de l'assassinat ! J'aimerais mieux le manger, mon bourricot, plutôt que de le donner pour un prix pareil !

LE CLIENT. — C'est bien, ne pleurez pas ! Mettons trois francs, allez...

LUI. — Écoutez-moi : quatre cent cinquante mille francs, et puis n'en parlons plus.

LE CLIENT. — Bon, je vois que vous êtes raisonnable. Puisque vous insistez, j'irai jusqu'à cinq francs, pour vous faire plaisir.

LUI. — Cinq francs ? Mais vous ne vous

rendez pas compte ! J'ai une femme et des enfants ! Vous voulez qu'ils meurent ?

LE CLIENT. — Sans blague, vous avez des enfants ?

LUI. — Mais oui ! Des tas d'enfants !

LE CLIENT. — Je l'ignorais, toutes mes excuses. Alors, six francs.

LUI. — Soyons sérieux : quatre cent trente mille.

LE CLIENT. — Six francs.

LUI. — Quatre cent vingt mille.

LE CLIENT. — Six.

LUI. — Allons, puisque je vois que vous voulez ma mort, tant pis. Quatre cent mille, c'est mon dernier prix.

LE CLIENT. — Six francs, pas un centime de plus.

LUI. — Alors, si c'est comme ça... *(Il fait mine d'emmener sa femme.)*

LE CLIENT. — Eh là ! Où allez-vous ?

LUI. — Je vais tuer mon bourricot ! J'en ferai des saucisses !

LE CLIENT. — Vous tenez donc à

m'écorcher ? C'est bon, pour vous rendre service, j'irai jusqu'à sept francs... Sept francs cinquante !

LUI. — Sept francs cinquante ! Le prix d'un café-crème ! Vous n'iriez même pas jusqu'à dix !

LE CLIENT. — Bon, eh bien dix, tenez ! Si c'est pas malheureux !

LUI. — Vous avez dit dix ?

LE CLIENT. — Dix francs, oui, je l'ai dit !

LUI. — Une fois, deux fois, trois fois ?

ELLE. — Ah ! mais non, par exemple ! Moi, je ne suis pas d'accord !

LUI. — Non, mais de quoi tu te mêles ?

ELLE. — Je vaux beaucoup plus que ça !

LE CLIENT. — Ah, ben ça, par exemple !

LUI. — Là ! Vous voyez ? C'est le bourricot lui-même qui le dit ! *(À elle.)* — Combien que tu vaux, alors ?

ELLE. — Je vaux bien cinquante francs !

LUI. — Brave bête ! *(Au Client.)* — Vous l'avez entendu ? Alors, c'est cinquante francs !

LE CLIENT. — Bon, ça va, j'ai compris ! Si vous vous mettez à deux contre moi... *(Il fouille dans son portefeuille.)* — Tenez !

LUI. — Qu'est-ce que c'est que ça ?

LE CLIENT. — C'est un billet de cinquante francs.

LUI. — Est-ce qu'il est bon, au moins ?

LE CLIENT. — Ben, je l'espère. Vous préférez celui-ci ? *(Il sort un autre billet.)*

LUI. — Faites voir...

LE CLIENT. — Eh non ! Pas les deux à la fois ! Rendez-moi l'autre d'abord !

LUI. — Pourquoi ? Vous n'avez pas confiance ?

LE CLIENT. — Et pourquoi voulez-vous que j'aie confiance ?

(Elle arrache aux deux hommes les deux billets de cinquante francs et s'enfuit avec.)

LUI. — Hé là ! Où c'est que tu vas comme ça ? *(Il veut la poursuivre.)*

LE CLIENT *(le retenant).* — Eh bien ? Où allez-vous ?

LUI. — Ben quoi, vous ne voyez pas ? Ma femme !

LE CLIENT. — Votre quoi ?

LUI. — Enfin je veux dire le bourricot ! Il est parti avec notre argent !

LE CLIENT. — Il est parti, je le vois bien, mais avec mon argent, pas avec le vôtre !

LUI. — Eh bien, ça revient au même ! Faut le courser !

LE CLIENT. — Ce n'est pas nécessaire.

LUI. — Comment ça, ce n'est pas nécessaire ?

LE CLIENT. — Passez-moi votre canne, je vous prie...

LUI *(donnant son bâton)*. — Pour quoi faire ?

LE CLIENT *(prenant le bâton)*. — Merci... Et maintenant, le bourricot, c'est vous !

LUI. — Hein ? Quoi ? Qu'est-ce que vous dites ?

LE CLIENT. — Je vous ai payé cent francs, je reconnais que c'est un peu cher, mais enfin je vous ai. Alors maintenant, je vous garde. Hue, bourricot, hue !

LUI. — Mais qu'est-ce que vous me racontez là ? Je ne suis pas un bourricot, moi !

LE CLIENT. — Mais si, mais si !

LUI. — Mais non ! Vous voyez bien que je parle !

LE CLIENT. — C'est que vous êtes un bourricot savant.

LUI. — Mais j'ai de toutes petites oreilles !

LE CLIENT. — Les souris vous les ont mangées.

LUI. — Et puis je n'ai pas de sabots !

LE CLIENT. — Mais si, vous en avez ! Et ça, qu'est-ce que c'est ?

LUI. — C'est pas des sabots de bête, ça, c'est des sabots de gens !

LE CLIENT. — Peu importe, ce sont des sabots.

LUI. — Et puis quoi, j'ai des mains !

LE CLIENT. — C'est la race...

LUI. — Je marche sur mes deux jambes...

LE CLIENT. — Tant mieux. Vous pousserez la brouette.

LUI. — Mais enfin, quoi, c'est de la folie ! Depuis une demi-heure que je vous parle et que vous me répondez, nous nous comprenons parfaitement !

LE CLIENT. — Comme ça, au moins, vous ne pourrez pas faire semblant d'ignorer mes ordres... Allez, hue !

LUI. — Et si je ne veux pas ?

LE CLIENT. — Tu ne veux pas ?

LUI. — Non, je ne veux pas !

LE CLIENT. — Répète-le...

LUI. — Non, je ne veux pas !

LE CLIENT. — Ah ! tu fais ta mauvaise tête ! Tu te figures que je t'ai payé cent francs pour te laisser faire tes caprices ? Eh bien, nous allons voir. Tiens ! Tiens ! *(Il le bat.)*

LUI. — Aïe, aïe, monsieur ! Ne tapez pas si fort !

LE CLIENT. — Alors, qui est le maître, ici ?

LUI. — C'est vous, monsieur, c'est vous.

LE CLIENT. — Et qui est le bourricot ?

LUI. — C'est moi, monsieur.

LE CLIENT. — Et quand je te dis hue, tu avances ?

LUI. — J'avance, oui, monsieur.

LE CLIENT. — Alors, hue !

LUI. — Tout de suite, monsieur.

LE CLIENT. — Plus vite que ça !

LUI. — Oui, oui, monsieur. Ne tapez pas, monsieur, je fais ce que je peux !

LE CLIENT. — Hue, bourricot, hue ! *(Ils sortent.)*

LA SORCIÈRE DE LA RUE MOUFFETARD

(pièce à quatre personnages)

Décor réduit au minimum. Au fond, un étal avec quelques marchandises et un tiroir-caisse. Entre LA SORCIÈRE.

LA SORCIÈRE. — Bonjour, mes petits enfants ! Vous savez qui je suis ?... Bien sûr, que vous le savez, c'est écrit dans le programme et sur toutes les affiches. Je suis la jeune et jolie sorcière de la rue Mouffetard ! — Hein ? Pardon ? Qui est-ce qui vient de dire non ? Je ne suis pas sorcière ? Je n'habite pas la rue Mouffetard ? Alors quoi ? Je ne suis pas jeune et jolie, peut-être ? Mais si, je suis jeune et jolie ! Très jeune et très jolie ! En ce moment vous me voyez mal à cause de la lumière, mais si je me mets comme ça ? Et comme ça ? Et comme ça ? *(Elle grimace.)* — Oh, et puis zut ! Vous dites des bêtises ! Au lieu de vous écouter, je ferais mieux de consulter mon miroir magique de poche. *(Elle tire le miroir de sa poche et fait les demandes et les réponses.)* — Bonjour, petit miroir. Tu me vois ? Tu m'entends ? Tu reconnais ta bonne maman ? — Oui, oui ! — Est-ce que je

suis jeune et jolie ? — Non, non ! — Pardon, je n'ai pas bien entendu... — Non, non ! — Fais attention à toi ! Si tu dis non encore une fois, je te casse ! Est-ce que je suis jeune et jolie ? — Oui, oui ! — Alors, mes petits enfants, vous voyez bien, c'est lui-même qui le dit... Hein ? Quoi ? C'est de la triche ? Vous allez voir si c'est de la triche ! — Miroir, petit miroir, est-ce que c'était de la triche ? — Oui, oui ! — Tu en es bien sûr ? — Oui, oui ! — Fais attention, si tu dis oui encore une fois, je te brise ! Alors, c'était de la triche ? — Non, non ! — Vous voyez bien, mes petits enfants... Hein ? Quoi ? Qu'est-ce que vous dites ? Que je lui fais peur ? Allons donc ! — Miroir, petit miroir, est-ce que je te fais peur ? — Oui, oui ! — Je te fais peur ? — Non, non ! — Enfin quoi, c'est oui ou c'est non ? — Oui, non, oui, non, oui, non... — Allons, bon ! Le voilà détraqué, maintenant... C'est votre faute, à vous aussi ! Il marchait si bien jusqu'ici ! *(Elle remet le miroir dans sa poche et médite.)* — Alors, comme ça, ce serait donc vrai, que je ne suis pas jeune et pas jolie ? Mais c'est très ennuyeux, je suis très ennuyée... Que faire ?

BACHIR *(Il entre avec un paquet de journaux sur le bras.)*

Demandez le Journal des Sorcières !
Seize pages dont huit en couleurs !
Fini, le balai de nos grands-mères !
Voyagez en aspirateur !
Demandez le Journal des Sorcières !
Sa page de bandes dessinées !
Ses recettes patibulaires !
Ses conseils pour votre beauté !...

LA SORCIÈRE. — Hein ? Quoi ? Pour ma beauté ? Oh ! mais ça m'intéresse ! Bachir ! Bachir ! Viens par ici !

BACHIR. — Oui, madame la sorcière !

LA SORCIÈRE. — Tu permets que je lise ton journal ?

BACHIR. — Bien sûr. C'est dix francs.

LA SORCIÈRE. — Oh ! mais c'est cher ! Je ne peux pas le lire sans payer ?

BACHIR. — Ah ça, non ! Pas question !

LA SORCIÈRE. — C'est que je ne suis pas riche...

BACHIR. — Alors, tant pis. Au revoir.

LA SORCIÈRE. — Hé là ! Où cours-tu donc ? Ne t'en va pas comme ça ! *(Elle tire son porte-monnaie.)* — Ah ! je souffre, je souffre ! Quand je donne de l'argent, ça me fait mal... vous ne pouvez pas savoir ! Voyons : un franc, deux francs, trois francs... Tiens, voilà !

BACHIR. — Merci, madame ! Au revoir, madamc !

LA SORCIÈRE. — Eh bien ? Et mon journal ?

BACHIR. — Ce n'est pas votre journal, c'est le mien !

LA SORCIÈRE. — Et les trois francs que je t'ai donnés, alors ?

BACHIR. — Les trois francs ? Ben, c'était un cadeau...

LA SORCIÈRE. — Mais non, ce n'était

pas un cadeau ! Est-ce que j'ai une gueule à faire des cadeaux ?

BACHIR. — Je me disais, aussi...

LA SORCIÈRE. — C'était pour le journal !

BACHIR. — Pour le journal, ce n'est pas trois francs, c'est dix !

LA SORCIÈRE. — Mais je n'ai pas dix francs !

BACHIR. — Dans ce cas... je vous salue !

LA SORCIÈRE. — Mais où va-t-il encore ? Attends donc un peu ! — Ah ! je souffre, je souffre... Tiens, mon petit Bachir : trois francs, cinq, neuf et onze. Tu peux garder la monnaie !

BACHIR. — Je vous demande bien pardon : tout ça ne fait que six francs !

LA SORCIÈRE. — Eh bien, alors ? Six francs, dix francs, c'est la même chose, non ?

BACHIR. — Ça fait quatre francs de différence. Vous appelez ça rien ?

LA SORCIÈRE. — Ce que tu peux être radin ! Tiens ! voilà un franc de plus ! Ah ! je souffre, je souffre !

BACHIR. — Ça fait sept francs, ça n'en fait pas dix.

LA SORCIÈRE. — Et pour sept francs tu ne veux pas me donner le journal ?

BACHIR. — Non, je ne veux pas.

LA SORCIÈRE. — Alors, si c'est comme ça, rends-moi mon argent !

BACHIR. — Au revoir, madame ! Adieu, madame !

LA SORCIÈRE. — Non, non ! Ne t'en va pas ! Assassin ! Cœur de pierre ! Cannibale ! Capitaliste ! Les voilà, tes dix francs ! Quelle misère ! Recompte, si tu n'as pas confiance !

BACHIR. — C'est ce que je fais... Sept et trois dix.. C'est bon. Voilà votre journal !

LA SORCIÈRE. — Tu me fais beaucoup de mal, tu sais !

BACHIR. — Je le sais bien, mais je m'en fiche ! Au revoir, madame la sorcière ! *(Il sort.)* — Demandez le Journal des Sorcières !...

LA SORCIÈRE *(seule, feuilletant le journal)*. — Voyons, voyons... « La soupe à la bave de crapaud »…, je connais ! « Le tour du monde en balai magique »…, je suis trop fatiguée, ce n'est plus de mon âge… « Préparons joyeusement le sabbat de l'an prochain »…, je lirai ça plus tard… Ah ! « Pour votre beauté » ! voilà mon affaire ! « Madame »… Oui, je suis une dame… « Vous qui êtes vieille et laide… » Eh ben, dis donc ! « …vous deviendrez jeune et jolie… » Ah ! chouette ! « … et pour cela, mangez une petite fille à la sauce tomate ! » — Quoi ? Rien que ça ? Ce n'est pas plus difficile ? Ah ! mais ce n'est pas fini ! Il y a encore deux lignes en toutes petites lettres… Où sont donc mes lunettes ? *(Elle chausse d'énormes lunettes.)* — Voilà ! « Le prénom de cette petite fille devra obligatoirement commencer par la lettre N. » — Hum ! Par la lettre N… Dites-moi, mes petits enfants, est-ce qu'il n'y aurait pas, parmi vous, une petite fille dont le prénom commencerait par la lettre N ? Toi, ma jolie, comment t'appelles-tu ? Tu es bien sûre ? Et toi ? Pas de chance… Enfin quoi, vous ne voudriez pas que je reste vieille et laide ? Si, vous le voudriez ? Eh bien, merci quand même ! — Tiens ! revoilà Bachir !

BACHIR *(sans ses journaux, rentrant).* — Nadia !

NADIA *(debout sur une chaise, elle passe la tête par un cadre qu'elle tient dans ses mains pour simuler une fenêtre).* — C'est toi, Bachir ?

BACHIR. — C'est moi. J'ai vendu mes journaux.

NADIA. — Tous ? Bravo ! Tu as fait vite !

BACHIR. — Ce n'était pas difficile... A part un vieux chameau de sorcière qui ne voulait pas payer...

LA SORCIÈRE. — Tiens ! De qui parle-t-il ?

NADIA. — Eh bien rentre, maintenant. Le déjeuner est prêt !

BACHIR. — Ça tombe bien, j'ai une faim ! Qu'est-ce qu'on mange ?

NADIA. — Des nouilles à la sauce tomate.

BACHIR. — Chic ! J'adore ça ! J'arrive ! *(Il sort ainsi que Nadia.)*

LA SORCIÈRE *(seule).* — Mais oui, c'est vrai, Nadia, c'est la sœur de Bachir ! Et

Nadia, ça commence par un N ! Et elle vient, chaque matin, faire son marché devant l'église Saint-Médard ! Eh bien, si c'est comme ça, je vais m'y mettre, moi, devant l'église Saint-Médard, déguisée en marchande... Tiens ! Voici justement une boutique avec son étalage... Asseyons-nous, ne bougeons plus et attendons à demain... Attendons, attendons, attendons... Dites-moi, c'est un peu long, vous ne trouvez pas, mes petits enfants ? Et si je me servais d'une formule magique pour faire venir demain tout de suite ? Vous voulez bien ? Alors écoutez-moi :

Qu'il soit midi, qu'il soit minuit,
Que nous cessions d'être aujourd'hui !
Viennent le soir et le matin,
Que nous soyons déjà demain !

(Le noir se fait pendant une demi-seconde, puis la lumière revient.) — Ça y est ! Nous sommes aujourd'hui demain ! Et voici Nadia qui arrive ! Eh bien, ma petite mignonne, où vas-tu donc ?

NADIA. — Je fais le marché, madame la sorcière.

LA SORCIÈRE. — Tu fais le marché ? Ça

tombe bien. J'ai justement de la bonne viande...

NADIA. — Non ! Aujourd'hui, je veux du poulet ! *(Elle sort.)*

LA SORCIÈRE. — Zut ! c'est raté ! Mais ça ne fait rien : demain matin, je vendrai de la viande et de la volaille, et même du lapin ! A moi ma formule magique !

> Qu'il soit midi, qu'il soit minuit,
> Que nous cessions d'être aujourd'hui !
> Viennent le soir et le matin,
> Que nous soyons après-demain !

(Noir d'une demi-seconde.) — Ça y est, nous sommes après-demain ! — Eh

bien, ma petite Nadia, tu fais encore le marché, aujourd'hui ?

NADIA. — Oui, madame la sorcière !

LA SORCIÈRE. — Aujourd'hui j'ai de la viande, du poulet, du canard...

NADIA. — Mais moi, je veux du poisson ! *(Elle sort.)*

LA SORCIÈRE. — Crotte ! C'est encore raté ! Oh ! et puis j'en ai marre ! Demain matin, je vends de tout ! Absolument de tout !

> Qu'il soit midi, qu'il soit minuit,
> Que nous cessions d'être aujourd'hui !
> Viennent le soir et le matin,
> Que nous soyons au surlendemain !

(Noir d'une demi-seconde.) — Ça y est, nous sommes au surlendemain ! — Alors, Nadia, qu'est-ce que tu m'achètes, aujourd'hui ?

NADIA. — Je ne vous achète rien !

LA SORCIÈRE. — Allons donc ! J'ai de tout ! Dis seulement ce que tu veux !

NADIA. — Je veux... ce que vous n'avez pas !

LA SORCIÈRE. — Il n'y a rien que je n'aie pas !

NADIA. — Vraiment rien ? Même en cherchant bien ?

LA SORCIÈRE. — Cherche toi-même et tu verras !

NADIA. — Eh bien... je voudrais des navets !

LA SORCIÈRE. — J'en ai !

NADIA. — Je voudrais, euh... des salsifis !

LA SORCIÈRE. — En voici !

NADIA. — Ou plutôt des topinambours !

LA SORCIÈRE. — J'en ai toujours !

NADIA. — Si j'aimais mieux des artichauts ?

LA SORCIÈRE. — En voici de très beaux !

NADIA. — Et si je voulais du potiron ?

LA SORCIÈRE. — En voici de très bon !

NADIA. — Je veux, je veux... je ne sais plus !

LA SORCIÈRE. — Alors, c'est toi qui as perdu ! Viens par ici et passe dans le tiroir-caisse ! *(Elle fait passer Nadia dans le tiroir-caisse.)* — Et voilà, ce n'est pas plus difficile ! Oh ! que je suis maligne ! Quel bon repas je vais faire ce soir ! Une petite Nadia à la sauce tomate ! Et tout de suite après je serai jeune et belle, jeune et belle, jeune et belle... Flûte ! Voilà Bachir !

BACHIR. *(Il entre avec sa guitare.)* — Mais qu'est-ce que fait Nadia ? Déjà midi moins dix et elle ne revient pas du marché... Je crève de faim, moi... — Hein ? Quoi ? Qu'est-ce que je vois ? La sorcière en marchande ? Oh ! mais tout ça, c'est louche ! Qu'est-ce que je fais ?... J'ai une idée ! Faisons semblant d'être aveugle ! *(Il avance à tâtons.)*

LA SORCIÈRE. — Eh bien, Bachir, qu'est-ce qui t'arrive ?

BACHIR. — Une drôle de chose, madame, je suis aveugle !

LA SORCIÈRE. — Aveugle ! Et depuis quand ?

BACHIR. — Depuis dix ans !

LA SORCIÈRE. — Il y a trois jours, pourtant, quand je t'ai vu...

BACHIR. — Je ne m'en étais pas encore aperçu !

LA SORCIÈRE. — Ah ! c'est donc ça ! Eh bien, tant mieux ! Et maintenant, qu'est-ce que tu veux ?

BACHIR. — Je veux chanter une chanson afin de gagner quelques ronds pour m'acheter du saucisson !

LA SORCIÈRE. — Quelle chanson veux-tu chanter ?

BACHIR. — Une chanson que j'ai inventée, pleine de charme et de vertu, qui s'appelle : « Nadia, où es-tu ? »

LA SORCIÈRE. — Non ! Pas celle-là ! Elle n'est pas belle ! Une autre !

BACHIR. — Mais je n'en sais pas d'autre !

LA SORCIÈRE. — Alors chante-la, mais pas trop haut !

BACHIR. — C'est entendu, madame, je la chanterai tout bas ! *(Il chante.)*

Nadia, où es-tu ? Nadia, où es-tu ?
Réponds, que j' t'entende !

Nadia, où es-tu ? Nadia, où es-tu ?
Car je ne te vois plus !

LA SORCIÈRE. — Pas si fort ! Tu me casses les oreilles !

LA VOIX DE NADIA. *(Elle chante.)* — Bachir, Bachir, délivre-moi, ou la sorcière me tuera !

BACHIR. — Hein ? *(Il ouvre les yeux.)*

LA SORCIÈRE. — Ah ! le menteur ! C'est un faux aveugle ! Il a ouvert les yeux !

BACHIR. — Toi, sorcière, tu n'as pas la parole ! *(Il l'assomme d'un coup de guitare.)*

LA SORCIÈRE. — Ah ! couic ! Je suis morte ! *(Elle tombe derrière l'étal.)*

BACHIR. — Eh bien, tant mieux ! — Nadia ! Où es-tu donc ?

VOIX DE NADIA *(chantant)*. — Bachir, Bachir, je suis ici, dans le tiroir de la boucherie !

BACHIR. — Elle est dans le tiroir-caisse ! *(Il passe derrière l'étal.)*

LA SORCIÈRE *(resurgissant)*. — Hihihi !

BACHIR. — Encore toi, la sorcière ? Tiens ! Prends ça ! *(Nouveau coup de guitare.)*

LA SORCIÈRE *(redisparaissant)*. — Ah ! couic ! Je suis remorte !

BACHIR. — Espérons que c'est pour de bon ! *(Il essaie d'ouvrir le tiroir-caisse.)* — Comment ça s'ouvre, ce machin-là ?

VOIX DE NADIA. — Bachir, dépêche-toi de m'ouvrir, sans ça je vais m'évanouir !

BACHIR. — Moi, je veux bien, mais comment faire ? — Tiens ! voilà monsieur Pierre !

M. PIERRE *(entrant)*. — Tiens donc ! C'est toi, Bachir ? Qu'est-ce que tu fais ici ?

BACHIR. — J'essaie d'ouvrir le tiroir-caisse !

M. PIERRE. — Hein ? Tu veux mon pied dans les fesses ?

BACHIR. — Mais non, ce n'est pas pour l'argent !

M. PIERRE. — Alors c'est pour quoi, sacripant ?

BACHIR. — Ma sœur est enfermée dedans !

M. PIERRE. — Ah ! mais alors, ça change tout ! Je suis de tout cœur avec vous ! Attends un peu, je vais t'aider ! *(Il passe derrière l'étal.)*

LA SORCIÈRE *(resurgissant).* — Hahaha !

M. PIERRE. — Comment, c'est encore toi, saleté ? Tiens ! Prends donc ça sur le trognon, et meurs cette fois pour de bon ! *(Il l'assomme.)*

LA SORCIÈRE. — Ah ! couic ! Cette fois je suis morte et bien morte ! *(Elle redisparaît.)*

M. PIERRE. — Bon débarras ! Quant au tiroir... hum ! c'est bien compliqué ! Je crois que je vais user, moi aussi, d'une formule magique. *(Il chante.)*

Miroir, casse-toi,
Tiroir, ouvre-toi !
La vieille sorcière
Ne peut plus rien faire !
Nadia, lève-toi,
Nadia, montre-toi
Quand j'aurai compté jusqu'à trois !
Une ! Deux ! Trois !

NADIA *(réapparaissant)*. — Merci, monsieur Pierre !

BACHIR. — Oh ! Merci, monsieur Pierre !

M. PIERRE. — De rien, de rien, c'est la moindre des choses. Maintenant, rentrez chez vous, et bon appétit !

NADIA. — Tenez, monsieur Pierre, pour vous remercier, voici une pièce de cinq francs qui était avec moi dans le tiroir.

M. PIERRE. — Mais cet argent n'est pas à nous, Nadia. Il est à la sorcière !

NADIA. — Mais comme la sorcière est morte, il n'est plus à personne !

M. PIERRE. — Ma foi, c'est pourtant vrai. Mais que veux-tu que j'en fasse ?

NADIA. — Tout ce que vous voudrez !

M. PIERRE. — C'est bon, je vais y réfléchir. Merci. *(Au public :)* — Et maintenant, mes petits enfants, si vous voulez savoir ce que j'ai fait de cette pièce, je vous donne rendez-vous dans *La sorcière du placard aux balais !*

SALUT FINAL :

LA SORCIÈRE *(chantant).*

Couic ! Je suis morte !
Le diable m'emporte !
Je n'ai plus de nez pour vous renifler,
Je n'ai plus de mains pour vous attraper,
Je n'ai plus de bras pour vous embrasser,
Je n'ai plus de dents pour vous dévorer !

NADIA, BACHIR ET M. PIERRE *(sur le même air).*

Couic ! Elle est morte !
Le diable l'emporte !
Ell' n'a plus de nez pour nous renifler,
Ell' n'a plus de mains pour nous attraper,
Ell' n'a plus de bras pour nous embrasser,
Ell' n'a plus de dents pour nous dévorer !

LA SORCIÈRE *(chantant).*

J'aurais tant voulu
Etre jeune et belle...

NADIA, BACHIR ET M. PIERRE *(chantant).*

Elle aurait voulu
Etre jeune et belle,
Mais ell' n'a pas pu...
C'est tant pis pour elle !

L'ANGE

(scène à deux)

Obscurité. On entend la voix de L'ANGE *qui pousse un cri de douleur et se lamente :*

L'ANGE. — Aïe ! Ouyouyouïe ! Houlà ! Houlà !

(La lumière se fait peu à peu. L'ANGE *est assis par terre. Il se relève péniblement, fait quelques pas, boitille.)*

L'ANGE. — Aïe ! Aïe ! Pourvu que je ne me sois rien cassé ! Non, ça va, on dirait, ça va... Quelle chance ! C'est bien ma faute, aussi, je suis tellement distrait ! Je ne regarde jamais devant moi quand je marche. Retenez bien ça, mes petits enfants : il faut toujours regarder où l'on va, surtout quand on marche sur des nuages ! — Quoi ? vous ne comprenez pas ?... C'est vrai, que je suis bête ! J'ai oublié de vous dire... Eh bien, voilà : je suis un ange. Les anges, comme vous savez, ça vit dans le ciel... Donc j'étais dans le ciel, en train de marcher sur un beau plancher de nuages, et puis je n'ai pas vu qu'il y avait une éclaircie devant moi, j'ai mis le pied dedans, et badaboum ! je suis tombé sur terre ! Quatre kilomètres de chute libre ! Ça ne vous dit rien ? Enfin, pour cette fois, il y a plus de peur que de mal ! Il ne me reste plus qu'à remonter là-haut, en m'excusant de vous avoir dérangés. Au revoir, mes petits enfants, au revoir et à bientôt ! *(Il essaie de s'envoler.)* — Eh bien, qu'est-ce qui m'arrive ? Je ne peux plus m'envoler ? Qu'est-ce qui se passe ? *(Il se tâte.)* — Zut ! Mes ailes ! J'ai perdu mes ailes ! Elles ont dû se décrocher pendant que je tombais !... Mais c'est très embêtant, comment est-ce que je vais faire ? Dites-moi, mes petits enfants, vous n'auriez pas vu une paire d'ailes ? Une grande paire d'ailes, toutes blanches, très jolies, comme des ailes de cygne... Non ? Vraiment ? Mais c'est affreux ! J'en ai absolument besoin, je ne peux pas m'en passer, il faut que je les

retrouve... Voyons : elles ne sont pas là... ni là... ni là... *(Il sort en cherchant.)*

PIERROT *(c'est un petit garçon ; il entre en tenant une paire d'ailes).* — Oh ! dites donc, les gars, regardez ce que j'ai trouvé ! Qu'est-ce que ça peut bien être ? Quoi ? Vous dites ? Une paire d'ailes ? Oui, on le dirait bien, oui, vous avez raison... Mais alors, c'est à un oiseau ? Non ? A qui donc, alors, à un papillon ? Non plus ? A une mouche, alors ?... Hein ? Pardon ? A un ange ? Mais ce n'est pas possible, voyons, les anges ça n'existe pas... Si ? Comment le savez-vous ? Vous l'avez vu ? Non, pas possible ! Mais alors, moi, qu'est-ce que je fais ? Qu'est-ce que vous dites, je ne vous entends pas... Bon, eh bien, puisque c'est comme ça, je vais les montrer à mon papa, ces ailes. Il me dira, lui, ce que je dois en faire ! *(Il sort.)*

L'ANGE *(rentrant).* — Rien, toujours rien... c'est épouvantable ! Qu'est-ce que je vais devenir ? Je n'ai pas envie de rester sur terre, moi ! C'est très vilain, la terre, vous n'êtes pas de mon avis ? Mais si, c'est laid, c'est triste, c'est plein de gens, d'animaux, de fumée, de poussière... Oh ! mais j'y pense ! Je n'ai pas perdu mon appareil radio... Alors je vais appeler le Bon Dieu ! Vous voulez bien que j'appelle le Bon Dieu, mes petits enfants ? Alors, c'est entendu ! *(Il*

tire de sous sa robe un talkie-walkie et le manœuvre.) — Allô ? Zut ! c'est du rock ! Allô ? Qu'est-ce que vous dites ? Mais non, je ne cherche pas une demoiselle pour me marier avec ! En voilà une idée !... Allô, allô... Voilà que ça parle russe, maintenant !... Allô ? Ah ! cette fois, je suis sur la bonne longueur d'onde. Allô, le Paradis ? Est-ce que je pourrais parler au Bon Dieu ? Ne me dites surtout pas qu'il est en réunion ! Oui, c'est assez urgent... Allô, c'est vous, Seigneur ? Ici l'ange n° 15 700... Non, pas possible, vous avez deviné ? Vraiment, je suis confus, Seigneur ! Eh bien, figurez-vous que... Quoi, vous le savez déjà ? Mais oui, c'est ça, c'est exactement ça ! Alors, qu'est-ce que je fais ? Vous dites ? Rien du tout ? Ah bon ! Un petit garçon, vraiment ! Qui s'appelle Pierrot ! Et il va me les rendre ? Eh bien, je vous remercie, Seigneur. D'accord, s'il y a quelque chose qui cloche, je vous rappelle sans faute ! *(Il rentre son appareil.)* — Vous savez quoi, mes petits enfants ? A ce qu'il paraît qu'il y aurait dans ce pays un petit garçon qui s'appellerait Pierrot, et que ce Pierrot aurait trouvé, vous ne savez pas quoi ?... Eh bien oui, mes ailes ! Vous le saviez aussi ? Eh bien ça, par exemple ! Vous êtes comme le Bon Dieu, alors, vous savez tout ? Seulement voilà, il faut maintenant que je le trouve, ce Pierrot. Où peut-il être à votre avis ? *(Rentre Pierrot.)* — Hein ? Il est là ? Où ça ? Ici, peut-être ? Ou là ? Où donc alors ? Ah ! Tiens ! Ce serait lui, vous croyez ? C'est bien, nous allons voir... Bonjour, petit garçon !

PIERROT. — Bonjour monsieur !

L'ANGE. — C'est bien toi qui t'appelles Pierrot ?

PIERROT. — Oui, monsieur !

L'ANGE. — Tu n'aurais pas trouvé, par hasard, une paire d'ailes ?

PIERROT. — Si, monsieur !

L'ANGE. — De grandes ailes toutes blanches, comme des ailes de cygne ?

PIERROT. — Exactement, monsieur !

L'ANGE. — Tu peux me les rendre, alors ?

PIERROT. — Non, monsieur !

L'ANGE. — Non ? Pourquoi ?

PIERROT. — Ou du moins pas tout de suite, monsieur !

L'ANGE. — Je ne comprends pas. Explique-toi...

PIERROT. — Eh bien voilà, monsieur. Quand j'ai trouvé vos ailes...

L'ANGE. — Oui ?

PIERROT. — Je les ai portées à mon papa.

L'ANGE. — Très bien !

PIERROT. — Et mon papa m'a dit : « Ça, mon petit gars, qu'il a dit, ce sont des ailes d'ange ! »

L'ANGE. — C'est vrai. Je suis un ange.

PIERROT. — Alors il a dit, mon papa : « Si nous savons nous débrouiller, notre fortune est faite ! » qu'il a dit.

L'ANGE. — Il a dit ça, ton papa ?

PIERROT. — Oui, monsieur, c'est ça qu'il a dit !

L'ANGE. — Tiens, tiens ! Curieux, bizarre... Et ensuite ?

PIERROT. — Ensuite il a dit, mon papa : « Ton ange, en ce moment, qu'il a dit, il est en train de chercher ses ailes. Même qu'il doit se faire drôlement des plumes ! »

L'ANGE. — Enfin... si l'on peut dire !

PIERROT. — « Alors toi, tu vas le voir, qu'il a dit, tu lui dis que les ailes sont chez moi, mais que nous ne les rendrons que contre une bonne récompense ! »

L'ANGE. — Ah ! je vois !

PIERROT. — « Seulement voilà : quelle récompense ? » qu'il a fait mon papa, et il s'est mis à réfléchir. Alors, moi, je lui ai dit : « Une planche à roulettes ! »

Parce que ça fait longtemps que j'ai envie d'une planche à roulettes. Mais alors, mon papa, il m'a fichu une grande claque dans la hmmm...

L'ANGE. — Une grande claque dans la quoi ?

PIERROT. — Dans la hmmm !

L'ANGE. — Dans la hmmm ?

PIERROT. — Mais non, pas dans la hmmm, je vous dis, dans la hmmm ! Vous savez bien ce que c'est que la hmmm ?

L'ANGE. — Je crains bien que non... Dis-moi : ce ne serait pas un gros mot, par hasard ?

PIERROT. — Si, sans doute...

L'ANGE. — Ah ! ben voilà ! Seulement moi, vois-tu, je suis un ange. Alors je n'entends pas les gros mots.

PIERROT. — Bon. Une grande claque dans la figure, si vous préférez.

L'ANGE. — Comme ça, je comprends. Mais pourquoi ?

PIERROT. — Parce qu'une planche à roulettes, eh bien, c'était trop peu.

« Espèce de petit hmmm », qu'il m'a dit...

L'ANGE. — Espèce de petit quoi ?

PIERROT. — Pardon : de petit imbécile... « Quand je serai riche, qu'il m'a dit, tu pourras t'en acheter des centaines, de planches à roulettes, si ça te fait plaisir... Alors voici ce que tu vas faire : tu vas chercher cette volaille... »

L'ANGE. — Quelle volaille ?

PIERROT. — Eh bien, vous, je suppose... « Tu vas chercher cette volaille, qu'il a dit, et quand tu l'auras trouvée, tu lui demanderas de me donner, en échange de ses ailes, d'abord ceci, ensuite ceci, et puis encore ceci »... Il m'en a fait la liste ! *(Il montre une feuille de papier.)*

L'ANGE. — Rien que ça !

PIERROT. — Ben, oui... « Tant que ton ange accepte sans rien dire, qu'il m'a dit, c'est que tu n'as pas demandé assez. Tu t'arrêteras seulement quand il se fâchera tout rouge ! » — Dites-moi, monsieur l'ange ?

L'ANGE. — Oui ?

PIERROT. — Vous ne vous fâcherez pas contre moi, au moins ?

L'ANGE. — Mais non, je ne me fâcherai pas...

PIERROT. — Parce que moi, ce que je vous dis, c'est ce que papa m'a dit de vous dire !

L'ANGE. — Je sais, je sais... Seulement, ton père, entre nous, il ne manque pas de culot... Maintenant, une seconde, veux-tu ? Je dois consulter le Seigneur. *(Il sort son appareil et le manœuvre.)* — Allô, c'est vous, Seigneur ? Figurez-

vous que le papa de Pierrot... Quoi, vous savez déjà ? C'est vrai, j'aurais dû m'en douter... Alors, qu'est-ce que je fais ? Comment ? Tout ? Vraiment tout ?... Oui, je sais bien, Seigneur, vous savez ce que vous faites, mais ça peut aller loin, vous savez... Le papa de Pierrot, il a les dents longues !... Eh bien, c'est entendu, je vous obéis, Seigneur. A très bientôt ! *(Il rentre son appareil.)* — Mon petit Pierrot, tu as de la chance : le Bon Dieu m'autorise à t'accorder tout ce que tu demanderas.

PIERROT. — Ah ! chouette, alors, merci ! J'avais tout de même un petit peu peur...

L'ANGE. — De la colère de Dieu, bien sûr...

PIERROT. — Oh ! non ! Pas de la colère de Dieu, mais de celle de papa ! Si tu reviens les mains vides, qu'il m'a dit, tu auras mon pied au hmmm !

L'ANGE. — Cela veut dire au derrière, je suppose ?

PIERROT. — Tout juste !

L'ANGE. — Au moins, quand je remonterai là-haut, j'aurai enrichi mon vocabulaire... Mais au fait : pourquoi donc ne vient-il pas discuter avec moi en personne, ton papa ?

PIERROT. — Pourquoi ? Vous ne lui répéterez pas ce que je vais vous dire ?

L'ANGE. — Non, bien sûr.

PIERROT. — Eh bien parce qu'il a peur, lui aussi, justement.

L'ANGE. — Lui ? Il a peur de qui ?

PIERROT. — De vous. Avec toi, qu'il m'a dit, ce sera plus facile, parce que l'ange, il n'osera pas te faire du mal, à toi...

L'ANGE. — Il a vraiment pensé à tout, ton père... C'est bon. Maintenant, je t'écoute.

PIERROT. — Attendez que je regarde ma liste... Avant donc de vous rendre vos ailes, il voudrait, mon papa, que vous lui donniez...

L'ANGE. — Quoi donc ?

PIERROT. — De l'argent d'abord. Beaucoup d'argent.

L'ANGE. — Quel imbécile ! D'accord, c'est fait.

PIERROT. — Déjà ?

L'ANGE. — Puisque je te le dis ! Ensuite ?

PIERROT. — Ensuite, il voudrait redevenir jeune et beau, pour plaire aux demoiselles.

L'ANGE. — Le crétin ! Ça ne fait rien, accordé.

PIERROT. — Ensuite, il veut une belle voiture. Parce que les demoiselles, d'après ce qu'il m'a dit, suffit pas de leur plaire. Il faut aussi pouvoir les emmener se promener...

L'ANGE. — C'est bon, c'est bon, il l'a, sa voiture, cet idiot !

PIERROT. — Ensuite, il voudrait habiter, non plus un H.L.M., mais une maison à lui.

L'ANGE. — Ça y est.

PIERROT. — Ça y est vraiment ?

L'ANGE. — Tiens. Regarde !

PIERROT *(regardant en coulisse)*. — C'est pourtant vrai ! A la place de notre immeuble, il y a une maison neuve... C'est celle de mon papa, vraiment ?

L'ANGE. — C'est elle. Après ?

PIERROT. — Après, euh... A la place de la maison, puisque vous me l'accordez, je dois vous demander un palais.

L'ANGE *(montrant la coulisse)*. — Le voilà !

PIERROT *(émerveillé)*. — Non, pas possible ! Ce qu'il est beau ! Ce qu'il doit être content, mon papa !

L'ANGE. — Ça, ça m'étonnerait bien !... Alors, s'il est content, il ne demande rien de plus ? C'est tout ?

PIERROT *(retournant à sa liste)*. — Euh... non, ce n'est pas tout ! Ce n'est pas du tout tout, même !

L'ANGE. — Qu'est-ce que je disais ?

PIERROT. — Monsieur l'ange...

L'ANGE. — Oui...

PIERROT. — Vous n'allez pas vous mettre en colère ?

L'ANGE. — Parle, va, n'aie pas peur.

PIERROT. — C'est que, voilà, mon père, ça ne lui suffit plus d'être un simple citoyen. Il veut être député.

L'ANGE. — Pourquoi pas ?

PIERROT. — Ministre !

L'ANGE. — Accordé.

PIERROT. — Président de la République.

L'ANGE. — Voilà qui est fait. Ça lui suffit, j'espère ?

PIERROT. — Euh... non, pas tout à fait...

L'ANGE. — Il a trouvé encore mieux ?

PIERROT. — Il voudrait être roi.

L'ANGE. — Il l'est.

PIERROT. — Empereur.

L'ANGE. — Et allez donc !

PIERROT. — Et pape...

L'ANGE. — Le voilà pape !

PIERROT. — Non, c'est pas vrai !

L'ANGE. — Je te l'ai dit, j'ai l'ordre de tout accorder. Alors, maintenant, je peux récupérer mes ailes ?

PIERROT. — Euh... non, pas encore !

L'ANGE. — Mais enfin, qu'est-ce qu'il veut de plus ?

PIERROT. — Je n'ose pas vous le dire. Cette fois, vous allez vous fâcher !

L'ANGE. — Mais non, je te l'ai déjà dit !

PIERROT. — Vous allez me faire les gros yeux !

L'ANGE. — Je ne te ferai pas les gros yeux, c'est promis !

PIERROT. — Oh si, je le sens bien, allez ! Vous allez finir par me dire hmmm !

L'ANGE. — Mais non, je ne te dirai pas hmmm ! Même si je refuse ! Alors ?

PIERROT. — Eh bien, mon père, ça ne lui suffit pas d'être empereur et pape, il voudrait être, en plus...

L'ANGE. — Il voudrait être quoi ?

PIERROT. — Il voudrait être... semblable à Dieu !

L'ANGE *(estomaqué)*. — Ah ! ben, mon cochon !

PIERROT. — Ça y est ! Vous êtes fâché !

L'ANGE. — Non, non, rassure-toi, je ne suis pas fâché... Seulement, cette fois-ci, je ne peux pas te répondre avant d'avoir demandé... *(Il manipule son appareil.)*

— Allô, Seigneur, vous ne savez pas ? Si, vous savez, bien sûr... Alors ?... Qu'est-ce que vous dites ? Mais vous n'y pensez pas !... Excusez-moi, je veux dire... Je sais bien que vous pensez à tout, mais alors, vous serez deux ?... Non ? Comment cela ?... Oui... Oui... Ah ! je comprends ! Eh bien d'accord ! A tout à l'heure ! *(A Pierrot.)* — Ton père a vraiment de la chance.

PIERROT. — Vous lui accordez ça aussi ?

L'ANGE. — Je lui accorde ça aussi. Il est semblable à Dieu.

PIERROT. — Ce n'est pas plus difficile que ça ?

L'ANGE. — Non, au contraire, c'était si simple ! C'est même par là qu'il aurait dû commencer...

PIERROT *(désignant la coulisse).* — Monsieur l'ange ! Monsieur l'ange !

L'ANGE. — Eh bien quoi ?

PIERROT. — Le palais... il a disparu !

L'ANGE. — Bien sûr.

PIERROT. — Et à la place, il n'y a même plus la petite maison !

L'ANGE. — Naturellement.

PIERROT. — C'est de nouveau le H.L.M. !

L'ANGE. — Cela va de soi...

PIERROT. — Qu'est-ce que cela veut dire ?

L'ANGE. — Cela veut dire que tout est comme avant.

PIERROT. — Mais moi, alors ?

L'ANGE. — Eh bien quoi, toi ?

PIERROT. — Moi, je n'oserai jamais me représenter devant mon père !

L'ANGE. — Et pourquoi donc ?

PIERROT. — Après ce qu'il m'a dit ?

L'ANGE. — Tu n'as plus rien à craindre. Ton père est comme avant, aussi pauvre qu'avant, mais à présent il est tranquille, satisfait, sans crainte et sans désirs. Il est semblable à Dieu. D'ailleurs je vais avec toi, pour lui redemander mes ailes. Suis-moi ! *(Il sort.)*

PIERROT *(seul)*. — Ben mince alors ! Si j'avais su, j'aurais demandé tout de suite une planche à roulettes !

VOIX DE L'ANGE. — Alors, tu viens ?

PIERROT. — Oui, monsieur l'ange ! Tout de suite ! J'arrive ! *(Il sort en courant.)*

LE GÉANT AUX CHAUSSETTES ROUGES

(pièce à sept personnages, en quatre tableaux)

Premier tableau

MIREILLE. *(Elle est assise à table, devant un couvert mis, avec un œuf dans un coquetier.)* — Bonjour ! Je suis une jeune fille et je m'appelle Mireille. J'ai dix-huit ans, j'ai toutes mes dents, et j'adore les œufs à la coque ! Vous aimez ça, les œufs à la coque ? Moi, si je m'écoutais, j'en mangerais toute la journée ! Mais enfin, soyons raisonnable... Je mange encore celui-ci, c'est le vingtième depuis ce midi, et ensuite je m'arrête. Il faut savoir se modérer ! A présent, assez bavardé, je le casse : une, deux, trois ! *(Elle donne un coup de sa petite cuiller sur l'œuf. Coup de tonnerre, la lumière baisse, puis revient.)*

— Tiens donc ! Qu'est-ce qui se passe ? Ce n'est pas moi qui ai fait ça, tout de même ? Mais non, voyons, c'est le hasard... Je recommence : une, deux, trois ! *(Nouveau coup de cuiller, la lumière clignote.)* — Hein ? Encore ? C'est curieux : chaque fois que je donne un coup de cuiller sur mon œuf, la terre tremble... Est-ce que par hasard je serais devenue forte ?... Qu'en dites-vous, les enfants ? Je ferais peut-être mieux d'y renoncer, à cet œuf, ce serait plus prudent, non ? — Oh, et puis zut, tant pis ! J'aime trop les œufs à la coque ! Je le casse ! Une, deux, trois ! *(Coup de cuiller, coup de tonnerre, le noir se fait.)* — Hé là ! Qu'est-ce qui m'arrive ! Je ne vois plus clair ! Au secours, je monte, je monte, je monte... Au secours, je descends, je descends, je descends... Aïe !

(La lumière revient : MIREILLE *est assise par terre, la table et la chaise sont renversées, ainsi que l'œuf et le coquetier. Au fond de la scène sont apparues les deux jambes du* GÉANT, *gainées de chaussettes rouges. A la hauteur des genoux, elles se perdent dans les cintres.)*

MIREILLE. — Ah ! enfin ! la lumière revient ! *(Elle se relève.)* — Mais qu'est-ce que je vois ? Deux jambes énormes, avec des chaussettes rouges et ça bouge... et, plus haut, deux genoux, une culotte, une ceinture, et tout en haut une tête... Maman ! C'est un géant ! J'ai peur !

VOIX DU GÉANT. — Mireille !

MIREILLE. — Ma parole, il m'appelle par mon nom !

LE GÉANT. — Mireille, n'aie pas peur !

MIREILLE. — N'aie pas peur, n'aie pas peur... C'est facile à dire ! Il n'a pas besoin d'avoir peur, lui ! Rien qu'en me marchant dessus il pourrait m'écraser !

(Haut :) — Qu'est-ce que vous me voulez ?

LE GÉANT. — Mireille, je t'aime !

MIREILLE. — Hein ? Qu'est-ce qu'il dit ? Qu'il m'aime ?

LE GÉANT. — Oui, je t'aime, je veux t'épouser !

MIREILLE. — Quoi ? Il veut m'épouser ?

LE GÉANT. — Mireille ! Tu entends ce que je te dis ?

MIREILLE. — Oh, pour ça, oui, j'entends ! Vous criez assez fort !

LE GÉANT. — Alors, réponds : veux-tu m'épouser, oui ou non ?

MIREILLE. — Ayayaïe ! Ayayaïe ! *(Elle sort en courant.)*

LE GÉANT. *(Il se gratte une cheville avec le talon de l'autre pied.)* — Ayayaïe ? Qu'est-ce que ça veut dire, ayayaïe ? Ce n'est pas une réponse, ça... Tiens, mais voilà quelqu'un !

(Entrent LE MAIRE *et* LE CURÉ*)*

LE MAIRE. — Alors, monsieur, qu'est-ce qui vous prend ? Sortir de terre, comme ça, sans crier gare, au beau milieu de la commune !

LE CURÉ. — Faire peur à tout le monde, apporter le scandale, le désordre !

LE MAIRE. — Démolir la maison de cette pauvre Mireille !

LE CURÉ. — Lui renverser son coquetier, son œuf à la coque !

LE GÉANT. — Toutes mes excuses, messieurs. Si vous le voulez bien, je vais réparer tout ça en moins d'une minute !

LE MAIRE. — En moins d'une minute ? Mais comment ferez-vous ?

LE CURÉ. — Oui, je voudrais bien voir ça !

LE GÉANT. — Eh bien, vous allez voir ! *(Il chante.)*

Par la vertu de mes chaussettes rouges,
Que nul ne crie, que nul ne bouge !
Que la maison soit redressée,
Que les dégâts soient réparés,
Que même l'œuf soit tout entier
Bien assis dans son coquetier !

(Noir, tonnerre lointain. Quand la lumière revient, la table et la chaise sont debout, le coquetier sur la table avec son œuf.)

LE GÉANT. — Alors, messieurs, vous êtes satisfaits ?

LE MAIRE. — Euh... oui, je reconnais que vous êtes correct !

LE CURÉ. — Correct, mais un peu inquiétant !

LE MAIRE. — Oui, tout de même un peu inquiétant... Alors, allez-vous-en !

LE CURÉ. — C'est ça. Partez, disparaissez !

LE GÉANT. — Une seconde, messieurs, j'ai quelque chose à vous demander...

LE MAIRE. — Alors, dites, mais faites vite !

LE GÉANT. — Je suis amoureux de Mireille, je voudrais l'épouser.

LE CURÉ. — C'est impossible !

LE GÉANT. — Pourquoi ça, impossible ?

LE CURÉ. — Parce que vous êtes trop grand pour entrer dans l'église !

LE GÉANT. — C'est vrai qu'elle est bien petite, l'église... Et si je soufflais dedans pour l'agrandir un peu ?

LE CURÉ. — Ce serait de la triche ! L'église doit rester comme elle est ! C'est à vous de rapetisser !

LE GÉANT. — Ma foi, je veux bien, si c'est possible... J'ai tellement envie d'épouser Mireille !

LE MAIRE. — Vous accepteriez de rapetisser pour épouser Mireille ?

LE GÉANT. — Ah ! oui !

LE MAIRE. — Une fois, deux fois, vous le voulez bien ?

LE GÉANT. — Je le veux bien !

LE MAIRE. — Trois fois, vous le voulez toujours ?

LE GÉANT. — Oui, je le veux toujours !

LE MAIRE. — Monsieur le Curé...

LE CURÉ. — Oui, monsieur le Maire ?

LE MAIRE. — Venez par ici. *(Il lui parle à l'oreille.)* — Bzz bzz bzz bzz...

LE GÉANT. — Alors, qu'est-ce que vous répondez ?

LE CURÉ. — Répondez-moi d'abord. Qui êtes-vous, au juste ?

LE GÉANT. — Je suis le Géant aux chaussettes rouges.

LE CURÉ. — Et quelle est votre profession ?

LE GÉANT. — Eh bien, grâce à mes chaussettes rouges, les pierres m'obéissent. Je peux aplanir les montagnes, creuser des canaux, construire des maisons, repaver les rues...

LE CURÉ. — J'avoue que c'est intéressant... — Monsieur le Maire...

LE MAIRE. — Oui, monsieur le Curé ?

LE CURÉ. — Venez par ici. *(Il lui parle à l'oreille.)* — Bzz bzz bzz bzz...

LE GÉANT. — Alors, qu'est-ce que vous décidez ?

LE CURÉ. — Écoutez, mon ami, vous m'êtes sympathique... Allez voir de ma part le grand sorcier chinois. Il vous rendra aussi petit qu'un homme. Mais attention ! soyez revenu dans trois mois, pas plus tard ! Et moi, pendant ce temps, je convaincrai Mireille...

LE GÉANT. — Dites, vous croyez qu'elle m'aimera, Mireille ?

LE CURÉ. — Si vous m'obéissez, je m'en charge !

LE GÉANT. — Chic alors ! Chouette ! *(Les deux jambes sautent.)*

LE MAIRE *(titubant)*. — Hé là ! Ne sautez pas comme ça, vous allez nous faire tomber !

LE GÉANT. — Oh ! je vous demande pardon ! Je pars immédiatement ! — Au fait, où habite-t-il, votre sorcier chinois ?

LE CURÉ. — En Chine !

LE GÉANT. — Merci. Et en quelle langue faut-il lui parler ?

LE CURÉ. — En chinois, bien sûr !

LE GÉANT. — Mais je ne connais pas le chinois !

LE MAIRE. — Oh ! pour ça, c'est très simple ! En chinois, on peut tout dire avec une seule phrase, toujours la même. Il suffit de changer l'intonation !

LE GÉANT. — Et quelle est cette phrase ?

LE MAIRE. — Yong tchotchotcho kong kong ngo !

LE GÉANT. — Vous dites : Yong tchotchotcho kong kong ngo ?

LE MAIRE. — Tout juste ! Répétez-vous cela tout au long du chemin, et quand vous arriverez en Chine, eh bien, vous saurez le chinois !

LE GÉANT. — Merci beaucoup ! Au revoir !

LE CURÉ. — Surtout n'oubliez pas : soyez revenu avant trois mois !

LE GÉANT. — Entendu ! A bientôt ! — Yong tchotchotcho kong kong ngo... *(Les deux jambes sortent à grands pas.)*

LE MAIRE. — Il réussira, vous croyez ?

LE CURÉ. — Je n'en sais rien, mais je le souhaite... Des gens qui ont envie de se marier, de nos jours, ce n'est pas si fréquent...

LE MAIRE. — Et puis, pour la commune, un citoyen comme ça, c'est intéressant... Avec le toit de la mairie qui se déglingue...

LE CURÉ. — Le presbytère qui s'écroule...

LE MAIRE. — Le monument aux morts qui penche...

LE CURÉ. — Et le clocher de l'église qui prend l'eau...

LE MAIRE. — Mais dites-moi donc : Mireille voudra-t-elle l'épouser ?

LE CURÉ. — Oh ! ça, il faudra bien ! Je lui ferai comprendre que c'est son devoir ! Dans l'intérêt de la religion, de la commune, de la patrie, de la paroisse... *(Ils sortent.)*

Deuxième tableau

LE SORCIER CHINOIS. *(Il entre avec un gong et un petit maillet.)* — Bonjour mes petits enfants ! Je suis le grand sorcier chinois. Vous m'excuserez, n'est-ce pas, si je vous parle français, mais pour me faire comprendre, ici, c'est plus commode... Me voici donc en train de faire des chinoiseries en attendant l'heure du dîner... *(On entend des coups sourds.)* — Mais qu'est-ce que j'entends ? Il y a quelqu'un dehors ? *(Entrent les deux jambes du géant.)* — Oh ! par exemple ! C'est incroyable ! Un géant aussi haut qu'une pagode... avec des chaussettes rouges... et de race européenne, par-dessus le marché ! — Que désirez-vous, monsieur l'étranger ?

VOIX DU GÉANT. — Yong tchotchotcho kong kong ngo !

LE CHINOIS. — Tiens ! Il parle chinois ! C'est gentil de sa part... Mais bien sûr, entrez donc !

LE GÉANT. — Yong tchotchotcho kong kong ngo !

LE CHINOIS. — C'est vrai, je dis des bêtises... Il ne peut pas entrer puisqu'il est trois fois plus haut que la maison... En ce cas, restez dehors ! De quoi s'agit-il au juste ?

LE GÉANT. — Yong tchotchotcho kong kong ngo !

LE CHINOIS. — Vous rendre aussi petit qu'un homme ? Rien de plus facile ! Grâce à mon gong magique, je vous fais ça tout de suite ! *(Il sonne du gong.)* — Voilà ! Vous êtes content ?

LE GÉANT. — Yong tchotchotcho kong kong ngo !

LE CHINOIS. — Tiens, c'est vrai, ça n'a pas marché... Comment cela se fait-il ? C'est pourtant bien mon gong magique !

LE GÉANT. — Yong tchotchotcho kong kong ngo !

LE CHINOIS. — Mais non, mon cher monsieur, je ne me moque pas de vous ! Cela veut dire simplement que ma sorcellerie ne s'applique pas à votre cas...

LE GÉANT *(plaintif)*. — Yong tchotchotcho kong kong ngo !

LE CHINOIS. — Allons, ne pleurez pas... Cela n'avance à rien...

LE GÉANT. — Yong tchotchotcho kong kong ngo !

LE CHINOIS. — Oui, je comprends, vous voulez épouser Mireille... Tout cela, bien sûr, est très touchant... Bon, eh bien, écoutez : vous m'êtes sympathique... Allez donc de ma part chez le grand sorcier breton !

LE GÉANT. — Yong tchotchotcho kong kong ngo ?

LE CHINOIS. — En Bretagne, bien sûr.

LE GÉANT. — Yong tchotchotcho kong kong ngo ?

LE CHINOIS. — Eh bien, en breton, naturellement.

LE GÉANT. — Yong tchotchotcho kong kong ngo !

LE CHINOIS. — Oh ! pour ça, vous

n'avez pas à vous en faire ! En breton, voyez-vous, on peut tout dire avec une seule phrase : Ma Doué béniguett.

LE GÉANT. — Ma Doué béniguett ?

LE CHINOIS. — C'est ça ! Répétez ça, tout en marchant, sur tous les tons, et quand vous serez en Bretagne, vous connaîtrez le breton ! N'oubliez pas, surtout ! Ma Doué béniguett !

LE GÉANT. — Yong tchotchotcho kong kong ngo !

LE CHINOIS. — Mais pas de quoi, voyons, c'est avec plaisir !

LE GÉANT. — Yong tchotchotcho kong kong ngo !

LE CHINOIS. — Eh bien c'est ça ! Bonne route et bonne chance !

LE GÉANT. — Ma Doué béniguett... Ma Doué béniguett... *(Sortent les deux jambes.)*

LE CHINOIS *(seul)*. — Eh bien, mes petits enfants, vous avez entendu ? On voit de drôles de choses, parfois, dans l'existence... Mais ce n'est pas tout ça, je vous quitte, maintenant : mes chinoiseries m'attendent ! *(Il sort.)*

Troisième tableau

LE SORCIER BRETON. *(Il entre avec une harpe et chante sur l'air de* la Paimpolaise.*)*

Ah ! ma Doué, ma Doué béniguette,
Ah ! ma Doué, ma Doué bénigo...
Ah ! ma Doué, ma Doué béniguette,
Ah ! ma Doué, ma Doué bénigo !

Tiens ! Qu'est-ce que je vois ? Des petits enfants ? Bonjour, mes petits enfants ! Moi, je suis le sorcier breton. En ce moment-ci je suis en train de chanter une chanson magique... Mais je crois qu'il vaut mieux que je vous parle français ? *(On entend des coups sourds.)* — Oui ? Qui est là ? J'arrive ! *(Entrent les deux jambes du géant.)* — Oh ! par exemple ! Un géant français ! Aussi haut que le clocher de l'église, avec des chaussettes rouges ! Vous désirez, monsieur ?

VOIX DU GÉANT. — Yong tchotcho-tcho kong kong ngo !

LE BRETON. — Pardon ! Qu'est-ce que vous dites ?

LE GÉANT. — Excusez-moi ! Je voulais dire : Ma Doué béniguett !

LE BRETON. — Ah ! bon ! J'aime mieux ça ! Eh bien, entrez, je vous en prie.

LE GÉANT. — Ma Doué béniguett...

LE BRETON. — C'est vrai, où ai-je la tête ? Il est beaucoup trop grand... En ce cas, restez dehors. Qu'est-ce que je peux faire pour vous ?

LE GÉANT. — Ma Doué béniguett !

LE BRETON. — C'est tout ? Mais rien n'est plus facile ! Trois accords de ma harpe magique, et hop ! c'est dans la poche ! Écoutez seulement ! *(Il joue de sa harpe.)* — Bling, bling, bling... Et voilà ! Vous êtes satisfait ?

LE GÉANT. — Ma Doué béniguett !

LE BRETON. — Ah, zut alors ! Ça n'a pas marché !

LE GÉANT. — Ma Doué béniguett !

LE BRETON. — Mais non, je ne me moque pas de vous ! Cela veut dire simplement que votre cas n'est pas de mon ressort...

LE GÉANT (*plaintif*). — Ma Doué béniguett !

LE BRETON. — Allons, ne pleurez pas comme ça... Nous avons bien assez d'eau salée, dans le pays !

LE GÉANT. — Ma Doué béniguett !

LE BRETON. — Bien sûr, pour épouser Mireille... Pauvre petite Mireille ! Bon, eh bien, écoutez : vous m'êtes sympathique. Allez donc trouver de ma part le pape de Rome.

LE GÉANT. — Ma Doué béniguett ?

LE BRETON. — Eh bien, à Rome, cette question !

LE GÉANT. — Ma Doué béniguett ?

LE BRETON. — Ah ! non, vous faites erreur. Le pape ne parle pas papou !

LE GÉANT. — Ma Doué béniguett !

LE BRETON. — C'est vrai, ce serait plus logique, mais il parle latin. C'est comme ça !

LE GÉANT. — Ma Doué béniguett !

LE BRETON. — Pour ça, soyez sans inquiétude : le latin, c'est la simplicité même. On peut tout dire avec seulement deux mots : Dominus vobiscum !

LE GÉANT. — Dominus vobiscum ?

LE BRETON. — Exactement. N'oubliez pas, surtout !

LE GÉANT. — Ma Doué béniguett !

LE BRETON. — Mais il n'y a pas de quoi, tout à votre service !

LE GÉANT. — Dominus vobiscum, dominus vobiscum... *(Sortent les deux jambes.)*

LE BRETON. — Eh bien, vous avez vu ? Drôle de client, mes petits enfants ! Je voudrais bien voir la tête du pape quand il arrivera ! — Mais à présent, passons aux choses sérieuses ! *(Il sort en chantant.)* — Ah ! ma Doué, ma Doué béniguette...

Quatrième tableau

LE PAPE. *(Il entre, les mains jointes.)* — Dominus vobiscum, dominus vobiscum... Tiens ! des petits enfants ! Bonjour, mes petits enfants ! Vous voulez bien, n'est-ce pas, que je continue ma prière ? Quand je prie, moi, j'ai horreur qu'on m'interrompe ! Dominus vobiscum, dominus... *(On entend des coups sourds.)* — Zut ! Flûte ! Crotte de bique ! — Oh ! pardon, j'ai encore juré ! Je sais bien que je ne devrais pas, mais c'est rageant, tout de même, j'étais si bien parti ! — Voilà, voilà, j'arrive ! *(Entrent les deux jambes du géant.)* — Ma ! che combinazione ! Vous ne devinerez jamais ce que c'est, mes petits enfants ! Un énorme géant, avec... Ben, oui, exactement. Comment le savez-vous ?

VOIX DU GÉANT. — Dominus vobiscum !

LE PAPE. — Oui, c'est bien moi, mon très cher fils, entrez... Ou plutôt non, qu'est-ce que je raconte ? Il me ficherait tout le Vatican par terre !

LE GÉANT. — Dominus vobiscum !

LE PAPE. — Aussi petit qu'un homme ? Mais, mon cher fils, vous vous trompez d'adresse ! Je ne suis pas sorcier !

LE GÉANT. — Dominus vobiscum !

LE PAPE. — Ah ! je comprends ! Pour épouser Mireille ! — C'est extrêmement gentil, je ne dis pas le contraire, mais...

LE GÉANT. — Dominus vobiscum !

LE PAPE. — Et vous n'avez plus que deux jours ? Diable ! Ou plutôt non, je voulais dire : Seigneur !... Oui, je comprends, ça urge...

LE GÉANT. — Dominus vobiscum ?

LE PAPE. — Oui, peut-être, une intervention...

LE GÉANT. — Dominus vobiscum !

LE PAPE. — C'est bon, ne pleure pas comme ça, tu vas m'inonder toute la place Saint-Pierre... Eh bien, c'est entendu, je téléphone à qui de droit ! *(Il sort un téléphone de sa poche.)* — Voyons, le numéro de la Sainte Vierge ? C'est tout de même malheureux, je n'ai pas la mémoire des chiffres... Ah ! j'y suis ! S.V.M., avec un 1 devant, parce que c'est le ciel... Allô ! la Sainte Vierge ? Ici le Pape de Rome. Je ne vous demande pas comment vous vous portez, toujours bien, j'imagine ? Moi, pas mal, je vous remercie... Figurez-vous, Sainte Vierge, que j'ai devant ma porte... Quoi, vous le savez déjà ?

Comme c'est curieux, les petits enfants aussi le savaient !... Et ce géant, vous ne savez pas ce qu'il veut ?... Mais oui, tout juste, aussi petit qu'un homme ! Pour épouser Mireille ! Comment l'avez-vous deviné ?... Vraiment, Sainte Vierge, vous êtes formidable ! Alors, qu'est-ce que je lui réponds ?... Oui, oui, oui, oui... Eh bien, c'est entendu, merci, Sainte Vierge, et à bientôt ! *(Il*

rempoche son téléphone.) — Mon fils ! Mon très cher fils !

LE GÉANT. — Dominus vobiscum ?

LE PAPE. — Ça y est ! C'est dans la poche ! Appelle trois fois Marie ! Ensuite, tu pourras faire trois vœux !

LE GÉANT. — Dominus vobiscum ?

LE PAPE. — Est-ce que je sais, moi ? Tu en auras sans doute besoin... Appelle trois fois Marie, je te dis ! C'est clair ?

VOIX DU GÉANT. — Marie ! Marie ! Marie !

(Coup de tonnerre, obscurité. Quand la lumière revient, les jambes ont disparu. A leur place, il y a un homme de taille ordinaire, avec une culotte courte et des chaussettes rouges.)

L'HOMME AUX CHAUSSETTES ROUGES *(sautant de joie).* — Dominus vobiscum !

LE PAPE. — Mais il n'y a pas de quoi, voyons, c'est tout naturel... Maintenant, rentre chez toi pour épouser Mireille !

L'HOMME *(soudain effrayé).* — Dominus vobiscum !

LE PAPE. — Comment ça, pas le temps ?

L'HOMME. — Dominus vobiscum !

LE PAPE. — Ah ! je comprends ! Il y aura de cela trois mois demain après-midi, tu n'as donc plus qu'un jour... Eh bien, tu as trois vœux à faire, non ? Alors, profites-en !

L'HOMME. — C'est pourtant vrai... Que je sois à l'instant au village de Mireille !

(Coup de tonnerre, obscurité. Quand la lumière revient, LE PAPE *a disparu.* LE MAIRE *et* LE CURÉ *sont en scène, et regardent curieusement l'homme.)*

LE MAIRE. — Qu'est-ce que c'est que ce citoyen ?

LE CURÉ. — Qu'est-ce que c'est que ce paroissien ?

LE MAIRE. — C'est drôle, je ne l'ai jamais vu, et pourtant...

LE CURÉ. — C'est comme moi. Il ressemble à quelqu'un...

LE MAIRE. — Oui, mais à qui ?

LE CURÉ. — A qui ?

L'HOMME. — Messieurs, messieurs, c'est moi ! Je suis de retour !

LE MAIRE. — Hein ? C'est vous qui, d'abord ?

L'HOMME. — Je suis le géant aux chaussettes rouges !

LE CURÉ. — Mais non, voyons, vous n'êtes pas un géant !

L'HOMME. — Je ne le suis plus, mais je l'étais encore il y a cinq minutes ! Alors, maintenant, je peux épouser Mireille !

LE MAIRE. — Ah ! j'y suis ! C'est donc vous !

LE CURÉ. — Mais oui ! Je vous reconnais, maintenant !

L'HOMME. — Je ne suis pas en retard, j'espère ?

LE MAIRE. — Non, rien à dire, vous êtes même en avance d'un jour. Malheureusement, Mireille, voyez-vous…

L'HOMME. — Eh bien quoi, Mireille ?

LE CURÉ. — Elle a une crise de foie, pour avoir mangé trop d'œufs à la coque !

L'HOMME. — Eh bien, si c'est comme ça, je fais un deuxième vœu : Que Mireille n'ait pas, qu'elle n'ait plus jamais mal au foie !

(Coup de tonnerre, obscurité.)

LE MAIRE. — Hé là, qu'est-ce que c'est ? Un tremblement de terre ?

L'HOMME. — Non, non, ce n'est rien. Juste un petit miracle !

LE CURÉ. — Vous vous mêlez de faire des miracles, vous ?

L'HOMME. — Alors, maintenant, quand est-ce que je me marie ?

LE MAIRE. — Eh bien, disons... d'ici un mois ou deux...

LE CURÉ. — D'ici deux ou trois mois...

L'HOMME. — Pas question ! Je fais mon troisième vœu : que ce soit aujourd'hui le jour de la noce !

(Coup de tonnerre, obscurité. Quand la lumière revient, Mireille est à côté de lui en robe de mariée.)

LE MAIRE ET LE CURÉ. — Vive la mariée ! Vive la mariée !

TOUS ENSEMBLE *(chantant).*

Viv' le géant, viv' la mariée !
Vivent le Maire et le Curé !
Nous aurons des tas de poupons,
Nous leur bâtirons des maisons
Qui seront de pures merveilles
Dans le village de Mireille !

Vivent l'église et la mairie,
La terre et tout ce qui s'ensuit !
Nous aurons des œufs frais du jour
Avec de la légume autour,
Des épinards ou bien d' l'oseille
Dans le village de Mireille !

Et vous, mes chers petits enfants,
Si vous aimez ce bon géant,
Applaudissez-le de bon cœur
Afin qu'il soit fou de bonheur
Et que chacun s'en émerveille
Dans le village de Mireille !

LE DÉMARCHEUR

(scène à quatre)

Un divan ou un canapé, une table et une chaise. On sonne. LE VIEUX *va ouvrir.* LE JEUNE *apparaît, porteur d'une petite valise.*

LE JEUNE. — Bonjour, monsieur. Vous ne me connaissez pas...

LE VIEUX. — Non, je ne pense pas.

LE JEUNE. — Aussi pardonnez-moi si je vous dérange un peu...

LE VIEUX. — Mon Dieu, vous me dérangez... modérément ! Vous n'aviez donc pas rendez-vous ?

LE JEUNE. — Non, et je m'en excuse. Mais quand vous saurez pourquoi je viens...

LE VIEUX. — Ne restez pas sur le palier, entrez donc !

LE JEUNE. — Merci. *(Il entre, le Vieux referme la porte.)* — Quand vous saurez pourquoi je viens, dis-je, vous me remercierez !

LE VIEUX. — C'est ma foi fort possible. Donnez-vous la peine de me suivre... Asseyez-vous...

LE JEUNE. — Vous êtes trop aimable. *(Il s'assied sur le canapé.)*

LE VIEUX. — Étendez-vous, si vous voulez !

LE JEUNE. — Non, merci, sans façons. Je commencerai par une question : vous arrive-t-il de boire de l'eau ?

LE VIEUX. — De l'eau ? Certainement. C'est ma boisson favorite.

LE JEUNE. — Et comme vous avez raison, monsieur ! On ne dira jamais assez le mal que peut faire l'alcoolisme !

LE VIEUX. — A qui le dites-vous ! — Vous ne voulez vraiment pas vous étendre ?

LE JEUNE. — Non, j'aime mieux rester assis.

LE VIEUX. — Vous seriez beaucoup mieux pour parler, vous savez... Plus détendu, plus reposé, plus calme...

LE JEUNE. — Peut-être, c'est très aimable à vous... Mais je serais moins à l'aise pour ouvrir ma valise.

LE VIEUX. — Ah ! Parce que vous avez l'intention d'ouvrir votre valise ?

LE JEUNE. — Oui. J'ai un appareil que je voudrais vous montrer.

LE VIEUX. — Mmmm... ouais ! Eh bien, montrez-le-moi, cet appareil !

LE JEUNE. — C'est ce que je vais faire, mais pas tout de suite. Nous disions donc que vous buviez de l'eau...

LE VIEUX. — Parfaitement, de l'eau. — Ça ne vous gêne pas que je prenne des notes ? *(Il tire un petit carnet et un crayon de sa poche.)*

LE JEUNE. — Pas du tout, au contraire... De l'eau en bouteille ou de l'eau du robinet ?

LE VIEUX. — Le plus souvent, de l'eau du robinet.

LE JEUNE. — Nous y voilà ! De l'eau du robinet ! Pensez-vous qu'elle soit pure, cette eau du robinet ?

LE VIEUX. — Je sais qu'elle est aseptisée, potable...

LE JEUNE. — Aseptisée, potable, à la rigueur… Mais elle contient, en plus… vous ne savez pas quoi ?

LE VIEUX. — Quelques microbes, peut-être ?

LE JEUNE. — Si ce n'était que ça !

LE VIEUX. — De l'eau de Javel ?

LE JEUNE. — Ce ne serait rien !

LE VIEUX. — Du détergent ?

LE JEUNE. — Bien pire encore ! Vous ne devinez pas ?

LE VIEUX. — Ne me faites pas languir !

LE JEUNE. — Elle contient… des sels minéraux !

LE VIEUX. — Tiens donc !

LE JEUNE. — Quand vous faites bouillir de l'eau dans une casserole, vous ne savez pas ce qui arrive ?

LE VIEUX. — Qu'arrive-t-il ?

LE JEUNE. — Il se dépose du tartre sur la paroi de métal. Savez-vous ce que c'est que le tartre ?

LE VIEUX *(notant)*. — Dites toujours…

LE JEUNE. — C'est du calcaire, mon cher monsieur ! Autrement dit, de la pierre ! Votre casserole se pétrifie ! Et ce calcaire, même à la brosse, même au couteau, même avec du sable, de la lessive, vous n'arrivez plus à le faire partir ! Il est incrusté !

LE VIEUX. — Voyez-vous ça !

LE JEUNE. — Maintenant, une casserole, vous me direz, ce n'est jamais qu'un objet matériel. Vous pouvez la jeter pour en prendre une autre...

LE VIEUX. — C'est évident.

LE JEUNE. — Mais votre corps, monsieur ? Pouvez-vous le jeter pour en prendre un autre ?

LE VIEUX. — Je crains que ce ne soit plus difficile...

LE JEUNE. — C'est impossible, monsieur, tout simplement ! Et savez-vous ce qui se passe dans votre corps quand vous buvez de l'eau calcaire ?

LE VIEUX. — J'espère bien que vous allez me le dire...

LE JEUNE *(dramatique)*. — Cela donne des calculs, oui monsieur ! Des petits cailloux atroces, pointus et déchirants qui grossissent dans vos reins, dans votre vésicule biliaire et dans votre vessie, provoquant des lésions, des ulcérations, d'atroces douleurs !

LE VIEUX. — Diable !

LE JEUNE. — Et ce n'est pas tout, monsieur ! Le tartre se dépose sur la paroi intestinale, dans les vaisseaux sanguins... Votre intestin perd sa souplesse... Vos veines, vos artères, deviennent dures, cassantes, vous êtes à la merci d'une hémorragie interne, d'une artério-sclérose, avec toutes les conséquences : ulcères, cancers, ou bien rup-

ture d'un anévrisme... Autrement dit, la mort instantanée !

LE VIEUX. — Fichtre !

LE JEUNE. — Et ce n'est pas tout, encore !

LE VIEUX. — Ce n'est pas encore tout ?

LE JEUNE. — Eh non ! Car ce calcaire se retrouve dans votre urine, dans votre salive, dans vos larmes ! Vous risquez donc de pétrifier aussi vos yeux, votre langue et tout le reste !

LE VIEUX *(prenant des notes)*. — Hm ! hm !

LE JEUNE. — Vous comprenez maintenant le danger que vous courez en buvant de l'eau du robinet ?

LE VIEUX. — Oui, oui...

LE JEUNE. — Que faire, alors ? me direz-vous...

LE VIEUX. — Ben oui. Que faire ?

LE JEUNE. — Car enfin il faut boire, n'est-ce pas ?

LE VIEUX. — J'allais le dire !

LE JEUNE. — Mais alors, boire quoi ?

LE VIEUX. — Oui. Quoi ?

LE JEUNE. — Eh bien, moi, je vais vous le dire !

LE VIEUX. — Ah !

LE JEUNE. — Grâce au petit appareil que je vais vous montrer...

LE VIEUX. — Ouais ?

LE JEUNE. — Vous pourrez enfin purifier votre eau, la déminéraliser, l'adoucir, la débarrasser à jamais de tous les sels minéraux incrustants, durcissants, nuisibles et dangereux. Cet appareil, j'espère que vous l'avez compris, vous est indispensable. Vous ne pouvez raisonnablement plus vous passer de lui ! *(Il ouvre la valise et en montre le contenu.)*

LE VIEUX. — Ah ! Très intéressant !

LE JEUNE *(se levant)*. — Pouvez-vous me conduire à votre salle de bains ou à votre cuisine ?

LE VIEUX. — Pour quoi faire ?

LE JEUNE. — Parce que cet appareil s'adapte sur les robinets... Je le ferai fonctionner devant vous...

LE VIEUX. — C'est inutile, restez assis.

LE JEUNE. — Mais il faut pourtant bien que je vous fasse voir...

LE VIEUX. — Mais non, mais non, je vous fais confiance ! Rasseyez-vous, montrez-moi votre appareil, bien tranquillement, et dites-moi comment il fonctionne !

LE JEUNE. — Comme vous voudrez. *(Il sort l'appareil.)* — Voici.

LE VIEUX. — Ah, mais bien sûr, voyons. Je comprends. C'est très clair !

LE JEUNE. — Mes félicitations, monsieur. Vous travaillez peut-être dans la plomberie ?

LE VIEUX. — Non, pas exactement... Ces deux tuyaux, si je comprends bien...

LE JEUNE. — Celui-ci s'adapte au robinet d'eau chaude et celui-là au robinet d'eau froide. Bien sûr, s'il n'y a qu'un robinet, on n'utilise qu'un seul tuyau... Quand on ouvre les robinets, soit un seul, soit les deux, l'eau passe par ici, puis elle transite par ce réservoir où elle se purifie au contact d'une substance chimique... — Vous n'êtes pas chimiste ?

LE VIEUX. — Non. Non plus.

LE JEUNE. — Peu importe. Une substance, en un mot, qui fixe le calcaire. De sorte que votre eau, purifiée, adoucie, allégée, sort par ce tuyau-ci.

LE VIEUX. — C'est parfaitement clair.

LE JEUNE. — Si l'appareil vous intéresse, je ne saurais trop vous engager à l'acquérir tout de suite, car son prix de vente augmentera dans les semaines qui viennent. Il ne coûte encore que...

LE VIEUX. — Le prix m'importe peu. Vous-même, combien gagnez-vous ?

LE JEUNE. — Eh bien... Vous êtes trop gentil de vous intéresser à moi...

LE VIEUX. — Mais c'est tout naturel, voyons, tout m'intéresse !

LE JEUNE. — Eh bien, moi, vous savez, je suis au pourcentage... Le porte-à-porte, c'est très mal payé... Il me faudrait, pour gagner ma vie, vendre chaque jour deux ou trois de ces appareils...

LE VIEUX. — Et vous n'y arrivez pas ?

LE JEUNE. — Hélas non ! Heureusement, mes parents m'aident...

LE VIEUX. — Ils sont riches, vos parents ?

LE JEUNE. — Disons qu'ils sont à l'aise. Mon père est un cadre moyen...

LE VIEUX. — Et votre mère ?

LE JEUNE. — Ma mère ne travaille pas. Elle est femme au foyer.

LE VIEUX. — Parfait ! Eh bien, mon cher monsieur, vous aviez bien raison, tout à l'heure, de me dire que je vous remercierais. Je vous remercie !

LE JEUNE *(épanoui)*. — Ah !

LE VIEUX. — Votre petite histoire est proprement passionnante, et je suis tout disposé à entreprendre une cure !

LE JEUNE. — Pardon ?

LE VIEUX. — Bien entendu, ce sera long. Avec un cas comme le vôtre, il y a de quoi s'amuser... Nous nous verrons régulièrement, une fois par semaine, pendant six mois, un an, deux ou trois ans s'il le faut...

LE JEUNE. — Mais qu'est-ce que vous me racontez ?

LE VIEUX. — C'est vrai, je ne vous ai

pas dit... Je suis le docteur Digue-digue, psychiatre, neurologue, psychanalyste, directeur de l'hospice des Bouleaux-Tremblotants, à Suresnes.

LE JEUNE. — Mais je ne suis pas fou !

LE VIEUX. — Fi donc ! Quel vilain mot ! Il n'y a pas de fous, monsieur ! Vous êtes simplement victime d'une fixation banale, d'une névrose bénigne, entraînant un système d'interprétations délirantes, avec une légère tendance paranoïde...

LE JEUNE. — Au revoir ! Je veux sortir ! Laissez-moi m'en aller ! *(Il cherche la porte.)*

LE VIEUX *(frappant dans ses mains)*. — Monsieur Panpan ! Mademoiselle Camisole ! *(Entrent une infirmière et un infirmier en blouses blanches, tous les deux grands et forts.)* — Ayez la bonté, s'il vous plaît, de maîtriser monsieur pendant quelques minutes.

LE JEUNE *(pendant qu'on le maîtrise)*. — Au secours ! A l'aide ! Au fou !

M. PANPAN. — Allons, allons... *(Il lui tord le bras.)*

Mlle CAMISOLE. — On se calme, on se

calme... (*Elle lui donne un discret coup de poing dans le foie.*)

LE JEUNE. — Aïe !

LE VIEUX. — A présent, laissez-moi parler. Il me semble que, tout à l'heure je vous ai laissé dire sans vous interrompre ? Non ? Alors maintenant c'est à mon tour et, quand j'aurai fini, vous pourrez partir !

LE JEUNE. — Je veux partir tout de suite !

LE VIEUX. — Vous partirez quand je vous le dirai ! D'ailleurs, rassurez-vous : je ne soigne pas les gens malgré eux, et vous avez parfaitement le droit de refuser la cure.

LE JEUNE. — Encore heureux !

LE VIEUX. — Mais quand j'aurai fini de parler, je suis sûr que vous me direz merci !

LE JEUNE *(se débattant).* — Ça me ferait bien mal ! Lâchez-moi !

M. PANPAN. — Tout doux, tout doux...

Mlle CAMISOLE. — Gentil, gentil...

LE JEUNE. — Aïe ! Houla !

LE VIEUX *(avec bonté).* — Ne le brutalisez pas ! Enfin, pas trop, je veux dire... Monsieur est raisonnable et il va m'écouter gentiment, j'en suis sûr ! *(Il consulte ses notes.)* — Bien entendu, je ne peux pas vous dire, après une seule séance, d'où vient votre névrose. Tout cela demande à être approfondi, et nous l'approfondirons, vous pouvez y compter, pendant les mois qui viennent...

LE JEUNE. — Ah ! parce que vous croyez que je vais revenir ? J'aimerais mieux crever !

LE VIEUX. — Réaction d'agressivité parfaitement normale et qui, croyez-le bien, ne me choque nullement !

LE JEUNE. — Je porterai plainte, vous m'entendez ! C'est une séquestration, c'est du gangstérisme !

LE VIEUX *(aux infirmiers)*. — Faites-le taire, je vous prie...

M. PANPAN. — Allons, détendez-vous...

Mlle CAMISOLE. — Mais oui, laissez-vous aller...

LE JEUNE. — Assez ! Assez !

LE VIEUX. — Merci, cela suffit. — D'après les quelques notes que j'ai prises en vous écoutant, je peux vous dévoiler quelques petites choses. Étant enfant vous avez dû, n'est-ce pas, faire pipi au lit, et cela jusqu'à un âge... disons, avancé... C'est un comportement classique d'enfant mal aimé, ou qui estime l'être. Il nous faudra donc préciser vos rapports affectifs avec vos père et mère....

LE JEUNE. — Mais tout cela ne vous regarde pas !

LE VIEUX. — Erreur, mon cher monsieur, erreur ! Cela me regarde d'autant plus que vous êtes venu ici librement, sans que rien vous y oblige, et même, de votre propre aveu, sans avoir pris rendez-vous. Ce qui me confirme dans mon hypothèse, c'est votre phobie de l'eau impure, chargée de sels minéraux, comme nous savons que l'est l'urine, et la manière dramatique dont vous en parlez... Et c'est aussi votre refus de vous étendre... Quand vous pissiez au lit, vos parents vous battaient, je suppose ?

LE JEUNE *(buté)*. — Je n'ai rien à vous répondre.

LE VIEUX. — Je n'ai pas besoin que vous me répondiez... En conséquence, vous aviez peur, le soir, de vous coucher, peur de vous endormir et de vous réveiller, le lendemain matin, dans une literie mouillée, avec la perspective d'un châtiment physique...

LE JEUNE. — Mais ce n'est pas vrai ! Où allez-vous chercher tout ça ? Ce n'est jamais arrivé !

LE VIEUX. — C'est sûrement arrivé, seulement vous voulez l'oublier, et vous y réussissez, dans une certaine mesure... Cependant la trace est là, dans votre subconscient, elle vous tourmente, vous obsède... Tout en refoulant ce souvenir, vous ne cessez de l'évoquer, à toute occasion, d'une manière symbolique... C'est ainsi que vous avez essayé de me faire partager votre phobie de l'eau calcaire. Mieux encore, vous m'avez exhibé, avec une naïveté touchante, ce petit appareil, qui reproduit exactement, à quelques détails près, l'appareil urinaire de l'homme, le vôtre par conséquent. Voici les deux uretères, la vessie, le canal de l'urètre... C'est pour cela, sans aucun doute, que vous avez fait choix de cette profession...

LE JEUNE. — Mais pas du tout ! C'est

par hasard ! C'est le seul job que j'aie trouvé pour gagner ma croûte !

LE VIEUX. — Allons donc ! Vous croyez ça ? Apprenez qu'il n'y a pas de hasard ! Ce travail, vous l'avez cherché, vous l'avez choisi, vous n'avez pas voulu en trouver un autre ! C'est votre subconscient qui s'exprime de cette manière, en tournant les défenses de votre Surmoi. J'ajoute que, cet appareil, non content de l'exhiber, vous vouliez également le faire fonctionner ! Vous vouliez, passez-moi l'expression, le faire pisser devant moi, en espérant confusément, peut-être, que je vous donnerais une fessée ?

LE JEUNE *(sursautant)*. — Quoi ? — Aïe !

LE VIEUX. — Enfin vous avez si bien fait que j'ai dû, malgré moi, pour pouvoir vous parler tranquillement, vous faire maîtriser par mes deux collaborateurs ici présents, qui, bien sûr, symbolisent à vos yeux votre père et votre mère...

LE JEUNE. — Ça, par exemple, c'est un comble ! Comme si j'avais voulu... !

LE VIEUX. — Enfin rien de tout cela

n'est grave, nous allons prendre rendez-vous... *(Il ouvre un registre.)* — Je vous reverrai, si vous le voulez bien, mardi prochain entre seize et dix-sept heures, et vous me donnerez deux mille francs.

LE JEUNE *(sursautant).* — Hein ? Quoi ? — Aïe !

LE VIEUX. — Je veux dire en comptant les mille francs d'aujourd'hui. Je ne vous prends que mille francs par séance.

LE JEUNE. — Mille francs par semaine ? Mais je ne gagne pas ça !

LE VIEUX. — Je sais, je sais... Mais votre père, m'avez-vous dit, vous aide, c'est un cadre moyen... De toute façon, si je vous demandais moins, la cure ne serait pas efficace. Tous nos auteurs sont bien d'accord là-dessus : les honoraires du praticien doivent représenter, pour le malade en cure, un important sacrifice financier. Faute de quoi il n'est pas motivé pour guérir.

LE JEUNE. — De toute façon, vous ne me reverrez jamais !

LE VIEUX. — Je le regretterais sincèrement, soyez-en sûr... Mais je suis bien certain, moi, de vous revoir. Au fond de vous-même, déjà, vous désirez me payer...

LE JEUNE. — Bon. Vous avez fini ?

LE VIEUX. — Euh... oui, je pense.

LE JEUNE. — En ce cas, dites à vos sbires de me lâcher.

LE VIEUX. — D'accord. — Lâchez-le. *(Les infirmiers lâchent prise.)*

LE JEUNE *(ramassant sa valise)*. — Et rappelez-vous que je vous considère comme l'imbécile le plus dangereux que j'aie jamais rencontré !

LE VIEUX. — Mais oui, mais oui, j'ai l'habitude de ces résistances ! Alors, mardi prochain, seize heures, c'est convenu ? Ah ! Et puis j'oubliais : vous me raconterez vos rêves !

LE JEUNE. *(Il sort en courant.)* — Au fou ! Au fou ! Au fou !

LE VIEUX *(à l'infirmière)*. — Mademoiselle Camisole, veuillez fermer la porte... *(Elle obéit.)*

M. PANPAN. — Dites-moi, docteur. Croyez-vous vraiment que... ?

LE VIEUX. — Que quoi ? Qu'il va revenir ? Mais oui ! Ça crève les yeux ! Il ne pourra pas s'empêcher de revenir !

LA FÉE DU ROBINET

(pièce à sept personnages)

Pas de décor, mais quelques accessoires : évier, robinet, un verre, trois chaises, une table de cuisine, un saladier, une boîte d'insecticide, un banc, une casquette.
La scène est d'abord vide, puis entre la MAMAN, *bientôt suivie du* PAPA.

MAMAN *(entrant).* — Mais puisque je te dis que c'est ici ! Je vois d'ici la salle, avec les petits enfants qui nous attendent ! Viens donc ! Quoi ? Mais quelle tête de lard ! Allons, viens, que je te dis ! *(Elle fait entrer le Papa en le tirant par le bras.)* — Alors ? Est-ce que je n'ai pas raison ?

PAPA. — Ah ! oui, tiens, c'est vrai !

MAMAN. — Quand je te le disais ! — Bonjour, mes petits enfants !

PAPA. — Bonjour, mes enfants !

MAMAN. — Tais-toi une seconde, veux-tu ?

PAPA. — Ben quoi ? J'ai le droit d'être poli, moi aussi ?

MAMAN. — Bon, d'accord, tu es poli... Et maintenant, tu la boucles ! — L'histoire que nous allons vous raconter...

PAPA. — C'est une histoire vraie, qui nous est arrivée !

MAMAN. — C'est une histoire vraie, qui

nous est... — T'as pas fini de me couper ?

PAPA. — Pardon, ma chérie, continue.

MAMAN. — Figurez-vous que nous avons deux filles, toutes les deux gentilles, délicieuses, adorables...

PAPA. — Oui, mais elles n'ont pas toujours été comme ça !

MAMAN. — J'allais le dire. Veux-tu me laisser parler ?

PAPA. — Vas-y, chérie, vas-y !

MAMAN. — D'ailleurs ce n'est pas tout à fait vrai. Marie, qui me ressemble, a toujours été une enfant charmante. Mais Martine, son aînée, quand elle était plus jeune, était désagréable, désobéissante, gourmande, mal élevée... tout le portrait de son père !

PAPA. — Non, mais dis donc !

MAMAN. — Je n'y peux rien, c'est comme ça ! D'ailleurs, vous allez voir. *(Appelant.)* — Martine, Marie ! Venez par ici !

MARIE *(entrant)*. — Oui, maman, tout de suite !

MAMAN. — Martine ! Eh bien, tu pourrais venir quand on t'appelle !

MARTINE. *(Elle entre en traînant les pieds.)* — Zut ! Quoi encore ?

MAMAN. — Approchez toutes les deux. Toi, ma petite Marie, montre aux petits enfants qui sont là comme tu es aimable !

MARIE *(saluant).* — Bonjour monsieur, bonjour madame, s'il vous plaît, je vous en prie, merci beaucoup, pas de quoi, tout de suite, c'est entendu, à votre service...

MAMAN. — Très bien, ma cocotte, ça suffit. Martine ! *(Un temps.)* — Eh bien, Martine, tu pourrais répondre !

PAPA. — Laisse-moi faire, tu ne sais pas lui parler. — Eh bien, Martine, tu veux mon pied dans les fesses ?

MAMAN *(choquée).* — Auguste !

PAPA. — Viens par ici ! Et maintenant, fais-moi plaisir : montre aux petits enfants comme tu es mal élevée !

MARTINE. — Ah ! ça, je veux bien, alors ! *(Pleurant.)* — Beueuh ! Beueuh !

MAMAN. — Assez ! Assez !

MARTINE. — J' veux ci ! J' veux ça ! J' veux aut' chose !

MAMAN. — Arrête !

MARTINE. — C'est pas beau, c'est pas bon, j'aime pas ça !

MAMAN. — Ça va, ça va, on a compris !

MARTINE. — J' m'ennuie ! J' m'embête ! J' me rase !

MAMAN. — Tu veux une gifle ? *(Martine se tait.)* — Voilà, mes petits enfants, vous voyez le genre... Et c'était comme ça tous les jours ! Or, un soir, une nuit plutôt...

PAPA. — Une seconde, chérie ! Tu oublies de dire que le robinet de l'évier de la cuisine...

MAMAN. — Mais non, je n'oublie rien ! Laisse-moi continuer !

PAPA. — Il vaut mieux le dire tout de suite, je t'assure, ce sera plus clair ! *(La maman hausse les épaules.)* — Figurez-vous, mes petits enfants, qu'à cette époque le robinet de la cuisine, au-dessus de l'évier, contenait une fée, mais oui, une vraie fée ! Mais cette fée ne sortait que la nuit. C'est pour cela que, maman et moi, nous ne l'avions jamais vue, parce que nous avions l'habitude de nous coucher tôt... Donc, un soir, à la nuit, Martine s'est levée...

MAMAN. — C'est ce que j'allais dire ! Martine s'est levée pour boire, malgré notre défense, mais à peine avait-elle tourné le robinet...

(Martine mime la scène, un verre à la main. Changement d'éclairage.)

LA FÉE *(apparaissant).* — Bonjour, Martine !

MARTINE. — Hein ? Quoi ? Bonjour, madame !

LA FÉE. — Veux-tu être gentille, ma petite Martine ? Donne-moi un peu d'eau dans ton verre !

MARTINE *(à part)*. — Hmm ! Attention ! Cette dame est riche, bien habillée, j'ai intérêt à être bien avec ! *(Haut.)* — Mais certainement, madame ! Tout de suite, madame ! Voilà, madame !

LA FÉE *(quand elle a bu)*. — Merci, ma petite Martine. En récompense de ta gentillesse, je vais te faire un don : à

chaque mot que tu diras, il te sortira de la bouche une perle ! *(La fée disparaît.)*

MARTINE. — Ben mince alors ! *(Bruit de trois perles qui tombent.)*

MAMAN. — De sorte que le lendemain matin... *(La lumière revient.)*

MARTINE. — Maman ! Maman ! *(Bruit de deux perles qui tombent.)*

MAMAN. — Eh bien, quoi ?

MARTINE. — Imagine-toi, maman, qu'hier soir... *(Bruits de perles.)*

MAMAN. — Mais qu'est-ce que c'est que ces petits cailloux qui roulent partout ? On marche dessus, ma parole !

MARTINE. — Ce sont des perles, maman !

MAMAN. — Des perles ? *(Elle en ramasse.)* — Mais ma parole... C'est ma foi vrai ! D'où viennent-elles ?

MARTINE. — De ma bouche, maman ! C'est la fée, la fée du robinet...

MAMAN. — Tais-toi une seconde... Auguste !

PAPA. — Eh bien ? Qu'est-ce qui se passe ?

MAMAN. — Viens ici ! C'est Martine ! Voilà qu'elle crache des perles, à présent, quand elle cause !

PAPA. — Qu'est-ce que c'est que cette histoire ?

MAMAN. — Tiens, regarde... Elle dit que c'est la fée, la fée du robinet...

PAPA. — La fée du robinet ? Tiens, tiens !

MAMAN. — Mais c'est une blague, n'est-ce pas ? Ce n'est pas possible ?

PAPA. — Eh ! Pourquoi pas ? J'ai lu quelque chose comme ça, du temps que j'allais à l'école... *(A Martine.)* — Tiens ! Parle au-dessus du verre ! Dis n'importe quoi !

MARTINE. — Qu'est-ce que tu veux que je dise ? *(Bruit de perles.)*

PAPA. — Stop ! ça suffit ! *(Il examine le verre.)* — Eh bien, maman, notre fortune est faite ! A partir d'aujourd'hui, Martine n'ira plus à l'école...

MARTINE. — Chic alors !

PAPA. — Elle restera ici, et parlera toute la journée au-dessus du saladier. Malheureusement, ces perles sont un peu petites...

MAMAN. — Peut-être que, si elle disait des mots plus longs...

PAPA. — Ma foi, c'est une idée... Essayons toujours ! Quel est le mot le plus long de la langue française ?

MAMAN. — Je crois que je le sais, attends donc... C'est « anticonstitutionnellement » !

PAPA. — Mais non ! Ça, c'était avant guerre ! Depuis, on en a trouvé d'autres, beaucoup plus longs encore ! Voyons, j'en ai vu un, pas plus tard qu'hier... Où est la boîte d'insecticide ?

MAMAN. — L'insecticide ? Voilà ! *(Elle lui donne la boîte.)*

PAPA. — Merci. Attends un peu... Voilà ! *(A Martine.)* — Assieds-toi là, toi ! Au-dessus du saladier ! Et répète après moi... euh... dichlorodiphényltrichloréthane !

MARTINE. — Quoi ?

PAPA *(lui montrant la boîte)*. — Tiens ! Ce mot-là ! Lis-le tout haut !

MARTINE *(avec difficulté).* — Dichoro...

PAPA. — Mais non, gourde, pas dichoro ! Dichloro ! Recommence !

MARTINE. — Diklorodipénil...

PAPA. — Diphényl, imbécile ! Dichlorodiphényl... Reprends tout !

MARTINE *(larmoyant).* — Diklorodipéniltricot...

PAPA. — Mais non, pas tricot ! Fais donc attention ! Allez, recommence tout ! Et articule ! Et ne pleurniche pas comme un bébé !

MARTINE. *(Elle s'essuie les yeux.)* — Dicorofine dix triques... *(Elle se met à hurler.)* — Ouaaaaaaah ! C'est trop difficile !

PAPA. — Est-il permis d'être bête comme cette gamine !

MAMAN. — Auguste ! Ne lui parle pas si brusquement !

PAPA. — Mais enfin quoi, c'est vrai ! Je ne lui demande rien d'extraordinaire ! Elle sait lire, oui ou non ?

MARTINE. — Ah ! et puis zut ! zut ! zut ! *(Immobilité, silence.)*

MAMAN *(après un temps).* — Euh... en réalité, elle n'a pas dit zut.

PAPA. — Non, pas exactement.

MAMAN. — Tais-toi, Auguste... Elle a dit autre chose.

PAPA. — Quelque chose d'un peu plus...

MAMAN. — Auguste, je t'en prie... Bref, en un mot, ce qu'elle a dit... nous ne pouvons pas le répéter !

PAPA. — On se ferait engueuler !

MAMAN. — Auguste !

PAPA. — Enfin je veux dire : nous pourrions nous attirer des critiques...

MAMAN. — Et en même temps trois grosses perles, énormes, sont tombées dans le saladier !

PAPA *(regardant dans le saladier).* — Nom de Dieu !

MAMAN. — Auguste !

PAPA. — Ça y est ! J'ai compris ! Pour obtenir de grosses perles, il lui suffit de dire des gros mots ! *(A Martine.)* — A partir de maintenant, tu ne diras plus que des gros mots. Compris ? Tu m'entends ?

MAMAN *(au public).* — Au début, la petite ne demandait pas mieux. Je crois même qu'elle y prenait un certain plaisir...

MARTINE *(au-dessus du saladier).* — Zut, crotte, flûte, pipi, caca... Zut, crotte, flûte, caca, pipi...

MAMAN. — Et puis, petit à petit, elle s'en est lassée...

MARTINE *(bâillant).* — Zut, crotte... Eueueuh ! — Pipi, flûte... Aaaaah !

MAMAN. — Eh bien, qu'est-ce qui se passe ? Je ne t'entends plus !

MARTINE. — Une seconde, maman !

MAMAN. — Quoi ? « Unc seconde, maman ! » Qu'est-ce que c'est que ces façons de parler ? Tu n'as pas honte ? Tu as entendu ce qu'a dit ton père : des gros mots, rien que des gros mots ! Allez, je t'écoute !

MARTINE. — Zotte, crute, flotte, quiqui, papa...

MAMAN. — De quoi, de quoi ? Tu fais ta mauvaise tête ? Attends un peu, ce soir, quand ton père rentrera ! C'est bien simple : si je t'entends dire encore un seul mot convenable, je te fiche une beigne ! Vu ?

MARTINE. — Oh ! et puis j'en ai marre ! *(Elle se lève et sort.)*

PAPA. — C'est comme ça que Martine est partie.

MAMAN. — Par ta faute !

PAPA. — Pas du tout ! Par la tienne ! Moi, je n'étais pas là !

MAMAN. — Quand même, si tu avais su lui parler autrement...

PAPA. — Et toi ? Tu lui as mieux parlé, peut-être ?

MAMAN. — Bon, bon, ça va... Nous n'allons pas laver notre linge sale ici... Toujours est-il que la pauvre petite n'y a rien gagné !

PAPA. — Ah ! ça... on peut le dire !

MAMAN. — On n'a pas su tout de suite ce qui lui est arrivé...

PAPA. — C'est seulement plus tard, quand elle est revenue...

MAMAN. — Mais on peut bien vous le

dire tout de suite quand même... *(Appelant.)* — Martine !

VOIX DE MARTINE. — Ouais !

MAMAN. — Fais voir aux petits enfants ce qui t'est arrivé ensuite !

(Martine rentre, s'assoit sur le banc et pleure. Un Voyou s'approche.)

LE VOYOU. — Vous pleurez, mademoiselle ? Une jolie fille comme vous, voyons, ça ne devrait pas pleurer ! *(Il s'assoit auprès d'elle.)* — Allons, un

petit sourire ! On vous a fait de la peine ? Qui ça ? Vos parents ? Ça ne m'étonne pas... Comment ça ? Des gros mots ? Au-dessus du saladier ? Pour quoi faire ?... Hein ? Quoi ? Non, pas possible ! Vous permettez ? *(Il lui met sa casquette sous le menton.)* — Parlez encore ! Vous êtes merveilleuse... Si vous saviez comme j'aime à vous entendre... *(Il regarde dans la casquette.)* — Mais, ma parole, c'est vrai ! Ma fortune est faite ! Enfin, je veux dire : notre fortune est faite ! *(Il remet sa casquette sur sa tête.)* — Ne dites plus rien, maintenant, et venez avec moi. Nous nous aimerons, nous habiterons ensemble... Une chambre d'hôtel et un cœur... Vous verrez comme nous serons heureux... *(Ils sortent.)*

MAMAN. — Pendant toute cette soirée le jeune homme inconnu fut gentil, très gentil avec elle... Mais le lendemain matin...

PAPA. — Mais le lendemain matin et tous les jours suivants, il l'enferma à clé dans sa chambre d'hôtel pour qu'elle dise des gros mots, pendant toute la journée, au-dessus d'une soupière. Quand il rentrait, le soir, si la soupière n'était pas pleine, eh bien, il la battait !

MAMAN. — Mais nous, bien sûr, nous ne savions rien de tout ça.

PAPA. — Nous ne savions qu'une chose : plus de Martine, plus de perles !

MAMAN. — Pauvre Martine ! Comme nous la regrettions !

PAPA. — Quand je pense à toutes les perles qu'elle crachait pour ce voyou !

MAMAN. — Alors j'ai eu l'idée... Car, cette fois-ci, c'est moi qui ai eu l'idée !... d'encourager Marie... *(Elle appelle.)* — Marie !

MARIE. — Voilà, maman...

MAMAN. — Approche ici, Marie. Ton père et moi nous avons à te parler.

MARIE. — Oui, papa, oui, maman, je vous écoute.

MAMAN. — Assieds-toi. Là. Vois-tu,

ma petite Marie, nous t'avons élevée, nourrie, habillée, logée...

PAPA. — Éclairée, chauffée, blanchie...

MAMAN. — Laisse-moi parler, Auguste... Tu penses bien que tout cela nous a coûté fort cher...

MARIE. — Oui, maman.

MAMAN. — Nous ne le regrettons pas, bien sûr... Mais à présent tu es une grande fille et tu peux, à ton tour, faire quelque chose pour nous.

MARIE. — Moi, je veux bien. Mais quoi donc ?

MAMAN. — Tu ne devines pas ?

MARIE. — Euh... non !

PAPA. — Tu fais l'idiote, ou quoi ?

MAMAN. — Laisse-moi faire, Auguste... Tu peux, je ne sais pas, la nuit, si tu as soif, te lever...

MARIE. — Mais tu m'as défendu de me lever la nuit !

MAMAN. — Bien sûr, quand tu étais gamine... Mais maintenant tu as grandi...

MARIE. — Vous croyez ?

MAMAN. — Mais oui, mais oui... Tu pourrais, même la nuit, aller à la cuisine pour y boire un verre d'eau. Il n'y aurait pas de mal...

MARIE. — Ah non ! Ça, je ne veux pas !

PAPA. — Tu ne veux pas ? Et pourquoi ?

MARIE. — Je ne veux pas qu'il m'arrive ce qui est arrivé à Martine !

PAPA (*se levant, furieux*). — Espèce de petite !...

MAMAN. — Auguste ! Rassieds-toi, s'il te plaît, et sois calme !... Je t'avoue, mon enfant, que ta réponse nous déçoit beaucoup, ton papa et moi. Nous pouvions nous attendre, de ta part, à autre chose : un geste, une preuve de reconnaissance... Enfin, c'est comme tu veux, nous ne t'obligeons à rien ! Si tu préfères que nous restions pauvres, après toute une vie de travail, de privations, de sacrifices...

MARIE. — Mais non, maman, ce n'est pas ça ! Je ne demande pas mieux que de travailler pour vous, de gagner de l'argent, de vous en donner... Mais de cette façon-là, non, vous comprenez...

MAMAN. — Nous comprenons très bien, nous ne discutons plus... Tu es une grande fille et tu prends tes responsabilités ! — Va, maintenant, mon enfant, nous t'avons dit ce que nous avions à te dire...

PAPA (*quand Marie est sortie*). — Et si je lui bottais le derrière ?

MAMAN. — Non, non, pas de violence. J'ai une meilleure idée !

PAPA. — Ça, pour une bonne idée, c'était une bonne idée ! Figurez-vous que ce soir-là maman nous a préparé un dîner, mais un de ces dîners ! Il y avait de la soupe aux pois cassés d'abord... des filets de hareng... du petit salé aux lentilles... et du fromage de chèvre, bien sec ! le tout arrosé de vin rouge ! De vin rouge pur, bien entendu !

MAMAN. — Après cela, papa et moi, nous nous sommes retirés dans notre chambre, avec cinq ou six bouteilles d'eau minérale, et nous avons laissé Marie toute seule dans l'appartement...

MARIE (*rentrant*). — Non, je n'irai pas boire ! Non, je n'irai pas boire ! Mais, bon Dieu, ce que j'ai soif ! Pas moyen de dormir quand on a soif comme ça !

Mais je n'irai pas boire, je ne veux pas, je ne veux pas ! (*Un temps.*) — Hmm ! Si j'y allais quand même ? Qu'en pensez-vous, mes petits enfants, j'y vais ? Non ? Si ? Avec un peu de chance, peut-être que la fée n'y est pas ? (*Un temps.*) — Mais non, je dis des bêtises. Je n'irai pas, je n'irai pas... Je n'irai pas dans la cuisine... Je ne prendrai pas un verre... Je n'irai pas à l'évier pour me faire couler un verre d'eau bien fraîche... Hmm, bien fraîche... Oh ! et puis zut ! J'y vais ! (*Elle y va, changement d'éclairage, la fée apparaît.*) — Catastrophe ! Ça y est !

LA FÉE. — Bonjour, ma petite Marie ! Veux-tu être gentille ?

MARIE. — Une seconde, vous permettez ? Je bois d'abord ! (*Elle boit.*)

LA FÉE. — Donne-moi un peu d'eau dans ton verre !

MARIE. — Non, madame.

LA FÉE. — Tu dis ?

MARIE. — Je vous dis : non, madame.

LA FÉE. — Et pourquoi ?

MARIE. — Vous avez déjà fait le malheur de ma sœur, ça suffit grandement.

LA FÉE (*piquée*). — C'est bon. Puisque tu es si peu aimable, je vais te faire un don. A chaque mot que tu diras, il te sortira un serpent de la bouche ! (*Elle disparaît.*)

PAPA. — De sorte que le lendemain matin... (*La lumière revient.*)

MAMAN. — Marie ! Ma petite Marie !

MARIE. — Hmm ! Hmm !

MAMAN. — Eh bien quoi ? Tu es muette ?

MARIE. (*Elle fait le geste d'écrire.*) — Hmm ! hmm ! hmm ! hmm !

MAMAN. — Qu'est-ce que ça signifie ?

PAPA. — Je crois qu'elle veut écrire. Tu

as un crayon à bille et un bout de papier ?

MAMAN. — Un bout de papier, voyons... Tiens ! installe-toi ! Écris !

MARIE. — Hm ! hm ! *(Elle s'assoit à la table et écrit.)*

MAMAN (*lisant à mesure*). — « A chaque mot que je dirai... il me sortira de la bouche... » — Ah ! mon Dieu ! Quelle horreur !

PAPA. — Eh bien, quoi ?

MAMAN. — Tiens ! regarde !

PAPA (*lisant*). — « ... de la bouche un serpent. » — Ciel ! damnation ! enfer ! bonté divine !

MAMAN. — Bon. Inutile de te fatiguer : de toute façon, ce n'est pas ça que tu as dit ! (*En situation.*) — Ah ! mon Dieu, quel malheur ! Qu'est-ce que nous avons fait au ciel ! Qu'allons-nous devenir !

PAPA (*au public*). — Ce n'est pas ça qu'elle a dit non plus ! (*En situation.*) — Au fait, maman, j'y pense : il n'y a pas un médecin dans l'immeuble ?

MAMAN. — Si. Le docteur Sécuit, notre voisin du dessus.

PAPA. — Alors, appelle-le !

MAMAN (*à la coulisse*). — Docteur ! docteur !

VOIX DU DOCTEUR. — Madame ?

MAMAN. — Pouvez-vous venir tout de suite ? C'est pour notre petite fille !

VOIX DU DOCTEUR. — Est-ce qu'elle a avalé quelque chose ?

MAMAN. — Non !

VOIX DU DOCTEUR. — Elle est tombée, peut-être ?

MAMAN. — Non !

VOIX DU DOCTEUR. — Mais enfin, qu'est-ce qu'elle a ?

MAMAN. — Je ne peux pas vous le dire ! Venez tout de suite !

VOIX DU DOCTEUR. — Pouvez-vous me dire au moins ce que je dois apporter ?

MAMAN. — Rien du tout ! Venez comme vous êtes !

VOIX DU DOCTEUR. — Mais je suis sous la douche !

MAMAN. — Aucune importance !

VOIX DU DOCTEUR. — Bon ! J'arrive !

PAPA. (*Il marche de long en large.*) — Du calme, surtout, du calme. Ne nous énervons pas... (*A Marie.*) — Ça va, toi ? — Non ! ne dis rien ! Surtout ne réponds pas... Alors, il vient, ce docteur, oui ou non ?

LE DOCTEUR (*entrant*). — Alors ? qu'est-ce qui se passe ?

MAMAN. — Tenez, docteur, regardez donc. Voici ce que ma fille vient de nous écrire !

LE DOCTEUR (*quand il a lu*). — Tiens donc ! Moi qui croyais que ces histoires-là n'arrivaient plus !... Ah ! mais c'est très intéressant ! Vous avez une fée, sans doute, dans votre appartement ?

MAMAN. — Eh oui, docteur ! Hélas !

LE DOCTEUR. — Mais non, ne vous désolez pas ! — Viens par ici, ma mignonne, penche-toi bien au-dessus de l'évier... Voilà... Et dis un mot, maintenant. Un seul.

MARIE. — Maman...

MAMAN. — Ah ! Quelle horreur !

LE DOCTEUR. — Mais non, ne craignez rien, ce n'est qu'une couleuvre... Dis-moi un gros mot, maintenant !

PAPA. — Vous la faites rougir, docteur, elle n'a pas l'habitude...

LE DOCTEUR. — Ça ne fait rien, force-toi un peu...

MARIE. — Caca...

LE DOCTEUR. — Est-elle mignonne ! Elle a dit ça si gentiment !

PAPA. — Qu'est-ce que c'est que cette bête-là, docteur ?

LE DOCTEUR. — Un jeune serpent python, à peine sorti de l'œuf... A présent, si tu peux, dis-moi une parole méchante !

PAPA. — Elle rougit encore plus...

MAMAN. — Allons, ma petite Marie, un petit mot méchant, rien qu'un, pour le docteur !

MARIE (*timidement*). — Saleté...

LE DOCTEUR. — Ouais ! Une petite vipère ! (*Il jette le serpent à terre et lui écrase la tête.*) — C'est bien ce que je pensais...

MAMAN. — Croyez-vous qu'on puisse faire quelque chose ?

LE DOCTEUR. — Certainement.

PAPA. — Quoi donc ?

LE DOCTEUR. — Eh bien, c'est simple : mon cher monsieur, j'ai l'honneur de vous demander la main de votre fille.

PAPA. — Vous voulez l'épouser ?

LE DOCTEUR. — Oui, je veux l'épouser.

MAMAN. — Vous pensez que ça va la guérir ?

LE DOCTEUR. — J'espère bien que non ! Voyez-vous, je travaille à l'Institut Pasteur, à la fabrication des sérums antivenimeux... Or, là-bas, nous manquons de serpents... Une fille comme la vôtre, c'est pour moi un trésor !

PAPA. — Eh bien, je ne sais pas, moi... (*A Marie.*) — Tu veux épouser le bon docteur ? — Elle dit oui. C'est d'accord.

LE DOCTEUR. — Soyez sûrs qu'avec moi elle sera très heureuse ! (*Il sort avec Marie.*)

MAMAN. — Mon Dieu, comme c'est mignon !

PAPA. — Et c'est comme ça que notre deuxième fille est devenue la femme du docteur Sécuit... Après cela, mon Dieu, il s'est passé des jours, des semaines, des mois, des années...

MAMAN. — Mais non, pas des années, qu'est-ce que tu racontes ? Cinq ou six mois, pas plus... Et puis voilà qu'un beau dimanche, nous avons entendu sonner à la porte. (*Bruit de sonnette.*) — Auguste ! on sonne ! Qu'est-ce que ça peut être ?

PAPA. — J'y vais. — Monsieur ? Vous désirez ?

L'ENCHANTEUR (*entrant*). — Excusez-moi, monsieur, si je vous dérange... Je suis l'enchanteur-inspecteur de toutes les fées de l'arrondissement. Vous aviez bien une fée chez vous, ces derniers temps ?

PAPA. — Euh... Oui ! La fée du robinet !

L'ENCHANTEUR. — Eh bien, je vous annonce que vous ne l'avez plus !

PAPA. — Tiens ! Pourquoi ça ?

L'ENCHANTEUR. — Nous l'avons enchantée, parce qu'elle était trop bête ! Mais ce n'est pas tout : vous avez deux filles ?

PAPA. — Ben...

L'ENCHANTEUR. — L'aînée crachait des perles, si je ne m'abuse ? Et la plus petite, si je ne me trompe, crachait des serpents ?

PAPA. — C'est que...

L'ENCHANTEUR. — Je le savais ! Eh bien, mon cher monsieur, j'ai le plaisir de vous annoncer qu'elles ne crachent plus rien du tout, ni l'une ni l'autre ! Au revoir, monsieur ! (*Il sort.*)

PAPA. — Ben, ça, alors...

MAMAN. — Le jour même, en effet, Marie avait cessé de cracher des serpents. Heureusement, son mari l'aime toujours autant, car il a du plaisir à parler avec elle... Quant à Martine... (*Appelant.*) — Martine !

MARTINE (*très polie*). — Oui, maman, voilà, maman, tout de suite, maman ! (*Elle entre avec un œil au beurre noir.*)

MAMAN. — Martine est revenue, comme vous pouvez le voir, avec un œil poché... Oui, son voyou l'avait un peu battue, avant de la mettre à la porte, quand elle avait cessé de lui cracher des perles... Mais elle était devenue, après cela, aussi douce et gentille que sa sœur !

PAPA. — Peut-être plus encore... Forcément, elle me ressemble ! C'est tout mon portrait !

MAMAN. — Elle s'est mariée, elle aussi, avec un brave garçon qui la rend très heureuse, de sorte que nous vivons tous à l'abri du besoin...

PAPA. — Eh oui, à l'abri du besoin... Ça ne fait rien, c'est tout de même dommage...

MAMAN. — Quoi ?

PAPA. — Que la grande ne crache plus de perles...

MAMAN. — Ah ! non ! Tu ne vas pas recommencer ! (*Ils sortent.*)

POUR L'ANNONCE

(scène à cinq personnages)

Une table, quatre chaises. Monsieur PERRAULT *est à sa table, assis sur une des chaises. Il écrit avec une plume d'oie.*

PERRAULT *(écrivant).* — « Le conte de Peau d'Ane est difficile à croire... »

LE DOMESTIQUE *(entrant).* — Monsieur...

PERRAULT. — Qu'est-ce que c'est ?

LE DOMESTIQUE. — Heu... C'est quelqu'un qui veut vous voir.

PERRAULT. — Un monsieur ? Une dame ?

LE DOMESTIQUE. — Ni l'un ni l'autre, monsieur. Un loup. Il dit que c'est pour l'annonce...

PERRAULT. — Ah ! Pour l'annonce, bien sûr... Qu'il entre !

LE DOMESTIQUE. — Bien, monsieur. *(Il sort.)*

PERRAULT *(écrivant).* — « Mais tant que dans le monde on aura des enfants... » *(Entre le Loup, demi-masque de loup.)* — Entrez ! Entrez donc !

LE LOUP. — Merci, monsieur. Je viens pour l'annonce...

PERRAULT. — Je sais, je sais. Asseyez-vous, je suis à vous tout de suite ! *(Écrivant.)* — « Des mères et des mères-grands... » — Vous permettez, je finis quelques lignes...

LE LOUP. — Naturellement, monsieur !

PERRAULT *(finissant d'écrire).* — « On en gardera la mémoire. » *(Il repose sa plume.)* — Voilà. Je vous écoute.

LE LOUP. — Eh bien voilà, monsieur. Je viens pour l'annonce.

PERRAULT. — Vous venez pour l'annonce. Bon. Avez-vous une idée de ce dont il s'agit ?

LE LOUP. — Non, aucune. J'ai vu qu'on demandait un loup...

PERRAULT. — Et... vous êtes un loup ?

LE LOUP. — Ah, ça !... Un loup pur sang ! Mon père était un loup, ma mère était une louve, mes grands-parents des loups... Il n'y a que des loups dans notre famille !

PERRAULT. — Je vous en félicite. Quant à moi, je m'appelle Perrault.

LE LOUP. — Enchanté.

PERRAULT. — Charles Perrault, pour être plus précis !

LE LOUP.— Ravi de vous connaître !

PERRAULT. — Mon nom ne vous dit rien ?

LE LOUP. — Non. Jamais entendu parler.

PERRAULT. — Vous ne lisez pas beaucoup, sans doute ?

LE LOUP. — Moi ? Jamais. Sauf les annonces, de temps à autre...

PERRAULT. — Ah ! bon ! J'aime mieux ça... Eh bien je suis conteur. Écrivain, si vous préférez. A l'instant même, quand vous êtes entré, je terminais l'histoire de Peau d'Ane. Vous connaissez l'histoire de Peau d'Ane ?

LE LOUP. — Non. Non plus.

PERRAULT. — Ça ne fait rien. C'est une histoire que j'ai mise en vers... Mais j'ai envie, maintenant, d'écrire une série de contes en prose. Et pour cela, je cherche des personnages. Alors j'ai fait passer une annonce dans la presse... Vous comprenez, maintenant ?

LE LOUP. — Euh... non !

PERRAULT. — Vous allez comprendre, c'est très simple : je vous propose de devenir un personnage de conte, et de figurer dans mon prochain livre.

LE LOUP. — Ah, bon ! Mais dites-moi : pour le livre tout entier ?

PERRAULT. — Non, seulement pour un conte. Le premier, le plus court.

LE LOUP. — Ah, tant mieux ! Parce que, moi, je n'aime pas les romans.

PERRAULT. — Comme je vous comprends !

LE LOUP. — Un roman, voyez-vous, c'est trop long, ça me fatigue.

PERRAULT. — Je suis bien de votre avis. Alors, nous sommes d'accord ?

LE LOUP. — Ben... ça dépend, aussi... Qu'est-ce que j'aurai à faire ?

PERRAULT. — Je vais vous le dire. Avez-vous bon appétit ?

LE LOUP. — Oh ! ça, oui ! En ce moment, surtout !

PERRAULT. — Pourquoi en ce moment ?

LE LOUP. — Parce que... Je ne sais pas si vous le savez, mais les temps sont durs, pour nous autres ! On nous chasse, on nous extermine, on nous génocide !

PERRAULT. — C'est pourtant vrai...

LE LOUP. — Et puis le gibier se fait rare... Les moutons sont gardés...

PERRAULT. — Très juste.

LE LOUP. — Vous me direz : y a les poules ! Mais les poules, entre nous, c'est plutôt pour les renards... Sans compter que les poules, elles sont gardées aussi !

PERRAULT. — Exact.

LE LOUP. — Alors, nous, qu'est-ce qu'on fait ? On est bien obligés de se rabattre sur le monde... Bien sûr, on y va tout doucement... Un petit enfant par-ci, un ivrogne par-là... Et encore, à chaque fois, ça fait toute une histoire ! Vous trouvez ça normal ?

PERRAULT. — Non, vous avez raison. On est très injuste avec vous.

LE LOUP. — Ah ! je ne vous le fais pas dire ! Vous, au moins, vous me comprenez ! — De sorte qu'en ce moment j'ai une faim ! Mais une faim !...

PERRAULT *(finement).* — Une faim de loup !

LE LOUP. — Tout juste ! — Tiens, c'est marrant, ce que vous venez de dire !

PERRAULT *(se frottant les mains).* — Eh bien, ça tombe on ne peut mieux ! Que diriez-vous d'une grand-mère et d'une petite fille ?

LE LOUP. — Vous voulez dire que je les mangerais ?

PERRAULT. — Bien sûr. Ce serait votre travail et, en même temps, votre salaire, votre rétribution. L'argent ne vous intéresse pas, je pense ?

LE LOUP. — Moi ? Non. Qu'est-ce que j'en ferais ?

PERRAULT. — A la bonne heure !

LE LOUP. — Mais dites-moi : les gendarmes, les chasseurs, les paysans ?...

PERRAULT. — Vous n'avez rien à craindre d'eux. L'histoire se termine quand vous avez fini de manger la petite fille.

LE LOUP. — Ah, bien ! Quel âge a-t-elle, cette petite fille ?

PERRAULT. — Eh bien, je ne sais pas encore, mais elle aura, je suppose... entre huit et dix ans ! Elle aura sur la tête un petit chaperon rouge.

LE LOUP. — Rouge ? Ah ! c'est délicieux ! J'adore la couleur rouge ! Elle m'excite, elle me fait saliver... Rien que d'y penser, déjà...

PERRAULT. — Ne vous emballez pas trop vite... Alors, c'est oui ?

LE LOUP. — Une minute : et la grand-mère, quel âge a-t-elle ?

PERRAULT. — Elle ? Alors, là, je ne vous cache pas que ce sera une vieille dame... Peut-être soixante ans, ou même soixante-dix...

LE LOUP. — Passé cinquante ans, vous savez, les vieilles...

PERRAULT. — Oui, je sais...

LE LOUP. — C'est dur, c'est filandreux, osseux...

PERRAULT. — Oui, souvent...

LE LOUP. — Ou alors c'est trop gras, ce qui ne vaut pas mieux...

PERRAULT. — Vous avez raison, mais je n'y peux rien. L'histoire est comme ça...

LE LOUP. — Vous ne pouvez pas la modifier un peu, l'histoire ?

PERRAULT. — Oh ! certainement pas !

LE LOUP. — Mais juste un petit peu... Si, par exemple, je commençais par la petite fille...

PERRAULT. — Il n'en est pas question ! Et puis, si je vous laisse commencer par la petite fille, vous ne voudrez plus de la vieille après !

LE LOUP. — Ma fois, c'est bien possible. Et pourtant j'ai faim, vous savez !

PERRAULT. — Si vous avez faim pour la petite, vous devez avoir faim pour la vieille ! Et si vous n'avez pas faim pour la vieille...

LE LOUP. — Oui, oui, je sais, c'est ce qu'on dit aux enfants qui ne veulent pas manger leur soupe...

PERRAULT. — D'ailleurs c'est à prendre ou à laisser. Si vous ne voulez pas, je trouverai un autre loup...

LE LOUP. — Ah ! ça, non, par exemple !

PERRAULT. — Alors vous acceptez ?

LE LOUP. — Ben... oui !

PERRAULT. — Vous ne le regretterez pas, allez... D'ailleurs réfléchissez un peu : vous aurez la grand-mère comme plat principal, et la petite fille ensuite, pour finir, comme dessert ! Vous resterez sur le bon goût de la petite fille !...

LE LOUP. — Ouais, présenté comme ça... — Ah ! et puis, j'ai trop faim !

PERRAULT. — Alors, signez ici.

LE LOUP. — Qu'est-ce que c'est que ça ?

PERRAULT. — C'est le contrat.

LE LOUP. — Mais je ne sais pas écrire !

PERRAULT. — Ça ne fait rien, faites une croix. *(Le Loup signe.)* — Et maintenant, nous allons prendre rendez-vous...

LE DOMESTIQUE *(entrant).* — Monsieur...

PERRAULT. — Oui ?

LE DOMESTIQUE. — C'est une dame âgée, avec une petite fille... Elles viennent également pour l'annonce...

PERRAULT. — Ça tombe bien ! — Monsieur le Loup, soyez assez gentil pour passer dans la pièce à côté pendant que je reçois ces dames...

LE LOUP. — C'est que... je dois rentrer... avant la nuit !

PERRAULT. — Ce ne sera pas long, je vous rappelle tout de suite ! *(Le Loup sort. Au Domestique.)* — Faites entrer ! *(Sort le Domestique.)* — Voyons :

ayons l'air occupé... *(Il se relit.)* — « Le conte de Peau d'Ane est difficile à croire... » *(Entrent la Mère-grand et le Petit Chaperon rouge.)* — Mesdames... Asseyez-vous !

LA VIEILLE. — Bonjour, monsieur. Nous venons pour l'annonce.

PERRAULT *(jouant la distraction).* — L'annonce ? Quelle annonce ?

LA VIEILLE *(montrant un journal).* — Ici ! Dans la gazette !

PERRAULT. — Ah ! l'annonce ! Mais oui, parbleu ! — Avez-vous une idée de ce dont il s'agit ?

LA VIEILLE. — Pas la moindre, monsieur.

PERRAULT. — Eh bien voilà : je m'appelle Charles Perrault, je suis écrivain et conteur, et je vous propose de figurer dans mon prochain livre !

LA VIEILLE. — Vous voulez faire de nous des personnages de roman ?

PERRAULT. — De roman... pas exactement. Des personnages de conte.

LA VIEILLE *(déçue)*. — Oh ! de conte seulement ? Pourquoi pas de roman ?

PERRAULT. — Parce que, chère madame, pour cette fois-ci du moins, je n'écris pas un roman, mais un conte.

LA VIEILLE. — Ah ! comme c'est dommage ! Petite fille, déjà, je rêvais d'être une héroïne !

LA PETITE. — C'est quoi, une héroïne, mamie ?

LA VIEILLE. — Mange ta sucette, ma chérie, je parle avec monsieur.

PERRAULT. — Mais si, comme je l'espère, je suis content de vous... Je ne dis pas que, plus tard... à l'occasion d'un autre livre...

LA VIEILLE. — Oh ! oui, monsieur, faites ça ! J'ai déjà plein d'idées ! Je serais enlevée par des pirates, avec la petite, bien sûr...

LA PETITE. — C'est quoi, des pirates, mamie ?

LA VIEILLE. — ... puis vendue comme esclave à un roi barbare... Barbare mais généreux, bien sûr... Sitôt qu'il me verrait, bien sûr, il tomberait amoureux... Il me déclarerait sa flamme...

PERRAULT. — Certainement c'est très joli, mais...

LA VIEILLE. — Bien entendu, je refuserais de l'écouter...

PERRAULT. — Je ne doute pas une seconde que...

LA VIEILLE. — Alors, pour me fléchir, il menacerait d'égorger la petite sous mes yeux...

PERRAULT. — Et vous, bien sûr, pour sauver l'enfant...

LA VIEILLE. — Ah ! mais non ! Pas du tout ! Je tiendrais bon ! Héroïquement !

PERRAULT. — Ben mince alors !

LA VIEILLE. — Après cela, toujours fou d'amour, le roi se lancerait à la conquête de l'univers...

LA PETITE. — Dis, mamie, c'est quoi, l'univers ?

LA VIEILLE. — ... puis, une fois l'univers conquis, le déposerait à mes pieds. Alors, seulement, peut-être, vaincue par sa grandeur d'âme, je me laisserais fléchir, après un délai raisonnable...

PERRAULT. — Mais mon projet à moi, si vous le voulez bien...

LA VIEILLE. — Mais attention ! L'histoire ne finirait pas là ! Car un autre roi, rival du premier...

PERRAULT. — Allez-vous me laisser parler, oui ?

LA VIEILLE. — Ah ! Parce que vous avez quelque chose à me dire ?

PERRAULT. — Oui, si vous le permettez... Mon conte est à la fois beaucoup plus simple... et beaucoup plus original !

LA VIEILLE *(dubitative)*. — Vraiment ? Voyons un peu...

PERRAULT. — D'abord je voudrais savoir si cette enfant a une mère.

LA VIEILLE. — Bien sûr. Ma belle-fille. Mais je ne l'ai pas amenée...

PERRAULT. — Ce n'était pas nécessaire en effet.

LA VIEILLE. — Entre nous, je ne sais pas si vous vous en êtes aperçu, mais l'enfant est idiote. Quant à sa mère, c'est une chipie...

LA PETITE. — C'est quoi, une chipie, mamie ?

LA VIEILLE. — C'est une gentille petite maman, mon trésor !

PERRAULT. — Tant mieux, c'est ce qu'il faut. La mère ne joue dans le conte qu'un rôle très effacé... On n'en parle qu'une fois, au début, et on l'oublie tout de suite...

LA VIEILLE. — C'est tout ce qu'elle mérite. Après ?

PERRAULT. — Alors la petite fille avec son chaperon rouge, ça, c'est très important...

LA VIEILLE. — Il est joli, n'est-ce pas ? C'est moi qui le lui ai fait...

PERRAULT. — La petite fille vous serait envoyée par sa mère avec une galette et un petit pot de beurre.

LA PETITE. — C'est quoi, une galette ?

LA VIEILLE. — Laisse-nous parler, ma cocotte. — Mais pourquoi donc ?

PERRAULT. — Parce que vous seriez seule, malade, dans votre petite maison, à l'autre bout de la forêt...

LA VIEILLE. — Moi ? Mais je ne suis jamais malade ! Depuis quarante-cinq ans que je suis au monde, je ne sais même pas ce que c'est qu'un rhume !

LA PETITE. — Mamie, c'est quoi, un rhume ?

LA VIEILLE. — Je ne sais pas ! Justement !

PERRAULT. — Vous dites : depuis quarante-cinq ans... ?

LA VIEILLE. — Oui... Enfin... quarante-cinq ans et des poussières...

PERRAULT *(à part)*. — Un fameux tas de poussière, alors !

LA VIEILLE. — Qu'est-ce que vous dites ?

PERRAULT. — Rien, rien... de toute façon, je ne vous demande pas d'être malade pour de bon... Suffit que vous fassiez semblant !

LA VIEILLE. — Et qu'arrive-t-il ensuite ?

PERRAULT. — Eh bien, je passe sur les détails... Le Loup vient, il vous mange, et il mange la petite après !

LA PETITE. — C'est quoi, le Loup ?

LA VIEILLE. — Mais tais-toi donc ! — Voyons, si je comprends bien, le Loup nous mangerait toutes les deux... Cela demande réflexion...

PERRAULT. — Prenez tout votre temps !

LA VIEILLE. — C'est que, moi, d'être mangée, cela ne me sourit guère... Mettez-vous à ma place ! D'abord, ça fait mal...

PERRAULT. — Oh ! si peu ! Et puis ce serait vite fait, vous savez...

LA VIEILLE. — Tout de même !... Est-ce que le loup ne pourrait pas... se contenter de la petite ?

PERRAULT. — Ah, ça, non, impossible ! C'est vous d'abord ! Ensuite seulement, la petite !

LA VIEILLE. — Si vous voulez mon avis... je n'en vois pas du tout la nécessité !

LE LOUP *(rentrant, triomphant)*. — Voilà ! qu'est-ce que je disais ? Bravo, madame, je suis tout à fait de votre avis !

LA VIEILLE. — Hein ? Pardon ? Mais qui est-ce ?

LA PETITE. — Oh ! Mamie ! Le toutou !

PERRAULT *(furieux)*. — Pourquoi êtes-vous rentré ? Je ne vous ai pas dit de revenir !

LE LOUP. — Vous ne me l'avez pas dit, mais moi, je reviens quand même ! Si vous devez discuter de l'histoire, moi, je veux être là !

LA PETITE. — Le toutou, mamie, le toutou !

LA VIEILLE. — Alors c'est ce monsieur, si je comprends bien, qui doit...

PERRAULT *(se calmant)*. — Oui, c'est lui... Bon, puisque vous êtes là, maintenant, asseyez-vous. Je vous présente. Le loup, la mère-grand, le petit chaperon rouge !

LE LOUP. — La jolie petite fille ! Je l'aime déjà tout plein ! *(Il s'assied près de la Petite et lui parle à l'oreille.)*

LA PETITE. — Oh mamie ! Le toutou ! Il me chatouille !

PERRAULT. — Ne touchez pas à cette enfant ! Pas encore !

LA VIEILLE. — Au fait, un petit détail : combien serons-nous payées ?

PERRAULT. — Eh bien, disons... cent francs chacune...

LA VIEILLE. — Pas plus ?

LA PETITE. — *(Le Loup lui fait des agaceries.)* — Hihihihi !

PERRAULT. — Eh bien, mettons deux cents, j'irai jusqu'à deux cents... Je n'ai qu'un très petit budget, vous savez !

LA VIEILLE. — Ça fera donc quatre cents. Payables d'avance ?

PERRAULT. — Ben... La moitié d'avance et la moitié après.

LA VIEILLE. — Après quoi ? Quand nous serons mangées ? Qui va toucher les derniers deux cents francs, alors ?

PERRAULT. — Eh bien, vos héritiers, je pense... Le père de la petite...

LA VIEILLE. — Il est mort !

PERRAULT. — En ce cas, j'imagine... sa mère ?

LA VIEILLE. — Quoi ? Cette gourgandine !

LA PETITE. — C'est quoi, une gourgandine, mamie ?

LA VIEILLE. — Cette péronnelle, qui a fait le malheur de mon fils !

LE LOUP. — Laisse-moi te goûter un peu. Un petit peu seulement...

LA VIEILLE. — Non, non, ça ne va pas. Votre conte n'est pas terminé. Moi, je vais vous le finir !

PERRAULT. — Mais enfin, chère madame...

LA VIEILLE *(criant)*. — Je vais vous le finir ! Vous m'écoutez ?

PERRAULT *(résigné)*. — C'est bon. Allez toujours.

LA VIEILLE. — Le loup me mange donc, et puis mange la petite. Bon. Cela fait, il s'endort.

LE LOUP *(à la Petite)*. — Tu entends ? Je te mange et je m'endors...

LA PETITE. — Hihihi !

LA VIEILLE. — Alors le fils du roi passe devant la maison...

PERRAULT *(sursautant)*. — Le fils du roi ? Et puis quoi encore ? Vous ne savez pas que les fils de rois sont hors de prix ? Il va me bouffer tout mon budget !

LA VIEILLE. — C'est bien, c'est bien, ne criez pas comme ça ! Disons donc : un chasseur. Il passe devant la maison, il entend ronfler le loup...

LE LOUP. — Mais ce n'est pas vrai ! Je ne ronfle pas !

LA PETITE *(au Loup)*. — Encore ! encore !

LA VIEILLE *(au Loup)*. — Vous, laissez-moi finir ! — Il entre, il voit le loup qui dort et il devine tout de suite ce qui est arrivé. Alors il ouvre le ventre du loup...

LE LOUP. — Hein ? Pardon ?

LA VIEILLE. — De sorte que, la petite et moi, nous revenons à la vie !

LE LOUP. — Eh bien, et moi, alors ?

LA VIEILLE. — Vous ? Je garde votre peau pour en faire une pelisse !

LA PETITE. — C'est quoi, une pelisse ?

LE LOUP. — Ah ! mais non ! Par exemple ! Je n'ai pas signé pour ça !

LA VIEILLE. — Je me fiche bien de savoir ce que vous avez signé !

PERRAULT. — Un peu de calme, s'il vous plaît, un peu de calme...

LE LOUP. — C'est ça ! Que je me calme ! Et que je me laisse tuer ! Comme c'est commode ! C'est toujours moi qu'on tue ! Toujours !

PERRAULT *(à la Vieille)*. — C'est impossible, madame, vous voyez bien...

LA VIEILLE. — D'ailleurs, si vous n'acceptez pas, c'est simple... Je vous dénonce !

PERRAULT. — Vous me dénoncez ? En quel honneur ?

LA VIEILLE. — On n'a pas le droit de livrer comme ça au loup des sujets de Sa Majesté !

PERRAULT. — Mais je n'oblige personne à rien ! Vous faites ce que vous voulez !

LE LOUP. — Rendez-moi mon contrat ! Je m'en vais !

LE DOMESTIQUE *(qui vient d'entrer).* — Hum ! hum !

PERRAULT. — Qu'est-ce qu'il y a ? C'est encore quelqu'un pour l'annonce ?

LE DOMESTIQUE. — Non, ce n'est que moi, monsieur.

PERRAULT. — Je ne vous ai pas appelé ! Vous n'avez rien à faire ici !

LE DOMESTIQUE. — Oh ! que si, j'ai à faire ! Au nom du roi je vous arrête.

PERRAULT. — Vous êtes de la police ?

LE DOMESTIQUE. — J'en suis. Il y a

longtemps déjà que nous avons eu vent de vos projets criminels. Maintenant, veuillez me suivre. *(A la Vieille.)* — Et vous, madame, aussi !

LA VIEILLE. — Moi ? Pourquoi moi ?

LE DOMESTIQUE — Parce que vous faites un peu trop bon marché de la vie de cette enfant. Allez ! En route ! *(Il sort avec Perrault et la Vieille.)*

LA PETITE. — Où c'est qu'elle va, mamie ?

LE LOUP. — Chut ! chut ! Ne t'inquiète pas, elle va revenir...

LA PETITE. — Hihi ! Tu me chatouilles... Oh ! Toutou !

LE LOUP. — Eh bien, quoi donc ?

LA PETITE. — Comme tu as de grandes oreilles !

LE LOUP *(entrant dans le jeu)*. — Oui, oui, c'est ça ! J'ai de grandes oreilles ! C'est pour mieux t'écouter ! Ensuite ?

LA PETITE. — Comme tu as de grands yeux !

LE LOUP. — C'est pour mieux te regarder ! Après ?

LA PETITE. — Comme tu as de grandes moustaches !

LE LOUP. — C'est pour mieux te chatouiller ! Et puis ?

LA PETITE. — Comme tu as de grandes dents !

LE DOMESTIQUE *(rentrant)*. — A vous, monsieur le Loup !

LE LOUP *(frustré)*. — Zut ! zut !

LE DOMESTIQUE. — Suivez-moi. Je vous emmène au jardin zoologique.

LE LOUP. — Et si je ne veux pas, moi ?

LE DOMESTIQUE. — Vous préférez peut-être que je vous tue tout de suite ? *(Il sort un pistolet.)*

LE LOUP. — Non, non, ça va, je vous suis ! — Si j'avais su, je serais resté dans la forêt ! *(Il sort avec le domestique.)*

LA PETITE *(seule)*. — Toutou ! Toutou ! Reviens ! Encore ! *(Au public.)* — C'est quoi, le jardin zozologique ?

LA SORCIÈRE DU PLACARD AUX BALAIS

(scène à six personnages)

Une table à gauche avec une chaise et quelques documents. Une table à droite avec un téléphone et un bocal de poissons rouges. Au fond, une maison dont la façade s'ouvre. Quand elle est ouverte, on voit une pendule murale, un second téléphone et la porte du placard aux balais.

M. PIERRE *(entrant)*. — Bonjour, mes petits enfants, bonjour. Aimez-vous les histoires ? Oui, vraiment ? Ça tombe bien, justement, j'en ai une. Je vous la raconte ? D'accord. Il était une fois... *(Cherchant.)* — Il était une fois. . Il était une fois quoi ?... Ah, oui ! Il était une fois moi ! Moi, c'est-à-dire M. Pierre. Oui, c'est moi, M. Pierre, et c'est à moi que cette histoire est arrivée... Un beau jour, en marchant, comme ceci, dans la rue, je mets la main, comme ceci, dans ma poche et je trouve... quoi donc ? Une pièce de cinq francs ! Comme celle-ci, tenez ! *(Il la montre.)* — Chouette alors, je suis riche ! C'est vrai, non ? Avec une pièce de cinq francs on peut s'acheter des tas, des tas de choses ! On peut s'acheter, je ne sais pas, moi, cinq francs de chocolat, cinq francs de pain, cinq francs de vin, cinq francs de pommes de terre, cinq francs de cacahouètes, cinq francs de tomates, de beurre, de saucisson, d'endives, de haricots blancs, de haricots rouges, de haricots noirs, de haricots verts... Cinq francs de n'importe quoi, en somme... On peut même s'acheter pour cinq francs de maison ! Vous ne me croyez pas ? Si, si, vous allez voir ! Monsieur le Notaire ! Monsieur le Notaire !

LE NOTAIRE. — Voilà, voilà ! *(Il entre et va s'asseoir à la table de gauche. C'est visiblement un diable.)* — Bonjour, monsieur. Vous désirez ? *(Mauvais rire.)* — Hihihi !

M. PIERRE. — C'est vous, le notaire ?

LE NOTAIRE. — C'est moi le notaire. — Hihihi !

M. PIERRE. — Drôle de notaire, vous ne trouvez pas, mes petits enfants ? — Pourquoi donc avez-vous des cornes sur le front ?

LE NOTAIRE. — Mais ce ne sont pas des cornes, voyons, ce sont des bosses.

M. PIERRE. — Vous vous êtes cogné ?

LE NOTAIRE. — C'est ça, je me suis cogné ! Hihi !

M. PIERRE. — Et ces griffes que vous avez ?

LE NOTAIRE. — Ce ne sont pas des griffes, ce sont des crayons à bille.

M. PIERRE. — Cinq à chaque main ? Vous ne les posez jamais ?

LE NOTAIRE. — Jamais. Comme ça, je n'ai pas besoin de les prendre quand je veux écrire. Je suis très paresseux, vous savez... Hihihi !

M. PIERRE. — Et cette queue, qui sort de votre pantalon ?

LE NOTAIRE. — Ce n'est pas une queue, c'est ma chemise !

M. PIERRE. — Elle est drôlement coupée, votre chemise !

LE NOTAIRE. — C'est la mode de mon pays... Hihi !

M. PIERRE. — Quel est votre pays ?

LE NOTAIRE. — Ça ne vous regarde pas ! Au lieu de vous occuper de mon anatomie, dites-moi plutôt ce que vous voulez.

M. PIERRE. — Je voudrais une maison.

LE NOTAIRE. — Une maison à combien ? Un million, deux millions, dix, vingt, trente ?

M. PIERRE. — Oh ! non, pas tant que ça ! Une maison à cinq francs ! Tous frais compris, naturellement ! Je n'ai pas un centime de plus !

LE NOTAIRE. — Hum ! C'est plus difficile ! Je crois que je n'en ai pas...

M. PIERRE. — Vraiment ? Pas même une toute petite ?

LE NOTAIRE. — Mais si, j'y pense, attendez donc ! *(Il fouille dans un dossier.)* — Je crois que voici votre affaire ! *(Lisant.)* — Une petite maison avec chambre, cuisine, salle de bains, living-room, pipi-room et placard aux balais, joignant en amont la grande route, en abas le chemin du Flanc, en galerne M. von der Brücke-das-Glück, et en solaire Mme veuve Champagne-Servais. Prix de vente : trois francs cinquante centimes... — Avec les frais, mes honoraires et l'enregistrement, ça fera cinq francs tout rond.

M. PIERRE. — C'est bien, je paie tout de suite. *(Il pose sa pièce sur la table.)*

LE NOTAIRE *(empochant)*. — Parfait. Signez ici. Là, vos initiales... là aussi... là encore... La maison est à vous. Hihihi !

M. PIERRE. — Pourquoi donc riez-vous comme ça ?

LE NOTAIRE. — Moi, je ris ? Allons donc ! Hihi !

M. PIERRE. — Tenez, encore ! Oh ! mais je n'aime pas ça du tout !

LE NOTAIRE. — Bon. A présent vous m'excuserez, mais j'ai un rendez-vous urgent... *(Il se lève.)*

M. PIERRE *(l'arrêtant)*. — Une seconde, s'il vous plaît !

LE NOTAIRE. — Hé là ! Voulez-vous bien lâcher mes cornes ?

M. PIERRE. — Cette maison, elle existe, j'espère ?

LE NOTAIRE. — Mais bien sûr, qu'elle existe !

M. PIERRE. — Elle est solide ? Elle ne va pas me tomber sur la tête ?

LE NOTAIRE. — Mais oui, elle est solide ! Cessez de me tirer par la queue, s'il vous plaît !

M. PIERRE. — Alors, qu'est-ce qui vous fait rire ?

LE NOTAIRE. — Mais rien, je vous dis... Hihihi !

M. PIERRE. — Si vous ne me dites pas tout de suite la vérité, je vous...

LE NOTAIRE. — C'est bon, c'est bon, je vais vous la dire, puisque vous y tenez... Aussi bien vous avez signé l'acte, vous avez payé, vous ne pouvez plus reculer... Cette maison...

M. PIERRE. — Eh bien ?

LE NOTAIRE. — Elle est...

M. PIERRE. — Elle est quoi ?

LE NOTAIRE. — Elle est hantée !

M. PIERRE. — Hantée ? Hantée par qui ?

LE NOTAIRE. — Par la Sorcière du Placard aux Balais !

M. PIERRE. — Et qu'est-ce qu'elle fait, cette sorcière ?

LE NOTAIRE. — Le jour, elle est absente, elle ne fait rien du tout. Mais la nuit... !

M. PIERRE. — Qu'est-ce qu'elle fait, la nuit ?

LE NOTAIRE. — Elle ne fait rien non plus. Elle reste là, bien sage, bien tranquille, dans son placard aux balais... Seulement, attention ! Si vous avez le malheur de chanter : « Sorcière, sorcière, prends garde à ton derrière !... » A ce moment-là elle sort... et c'est tant pis pour vous !

M. PIERRE. — Elle m'emporte ?

LE NOTAIRE. — Elle vous emporte et l'on ne vous revoit plus ! Alors, n'oubliez pas, surtout : « Sorcière, sorcière, prends garde à ton derrière ! » Hihihi !

M. PIERRE *(furieux).* — Espèce d'idiot ! Vous aviez bien besoin de chanter ça ! Jamais je n'aurais eu l'idée d'une pareille ânerie ! Maintenant, je ne vais plus penser qu'à ça !

LE NOTAIRE. — C'est exprès ! Hihihi ! *(Il sort.)*

M. PIERRE. — Qu'est-ce que vous dites de ça, les enfants ? Drôle de notaire, pas vrai ? Voyons, qu'est-ce que je fais : j'y vais ou j'y vais pas, dans ma petite maison ?... Oh ! et puis zut ! J'y vais ! Je l'ai achetée, après tout ! Je n'ai qu'à oublier cette chanson idiote ! *(Il marche et se met à chantonner.)* « Sorcière, sorcière... » Hé là, qu'est-ce que je dis ? — Mais au fait non, je ne crains rien ! Il fait grand jour et je suis dehors : je peux y aller ! « Sorcière, sorcière, prends garde à ton derrière ! » — Ah ! je crois que voici la maison. Oui, c'est elle, sans aucun doute... Voyons : si j'allais dire un petit bonjour à mon voisin de gauche ? Allons-y ! Toc toc toc !

LE VOISIN *(entrant, fort accent allemand).* — Monsieur, fous tessirez ?

M. PIERRE. — Vous êtes bien monsieur von der Brücke-das-Glück ?

LE VOISIN. — C'est moi-même, bour fous zerfir !

M. PIERRE. — Bonjour, voisin, je suis votre voisin de droite. Je viens d'acheter la petite maison avec chambre, cuisine, salle de bains, living-room, pipi-room et placard aux balais...

LE VOISIN *(violemment).* — Vigez-moi le gamp ! *(Il sort.)*

M. PIERRE. — Eh bien, qu'est-ce qui lui prend ? Il n'est guère poli, ce monsieur ! Ma foi, tant pis, voyons la voisine de droite. Toc toc toc !

LA VOISINE *(accent campagnard).* — Quoi c'est-y que vous voulez ?

M. PIERRE. — Bonjour, madame. Vous êtes bien madame veuve Champagne-Servais ?

LA VOISINE. — Ben oui, m'sieur, c'est ben mouéï...

M. PIERRE. — Je suis votre voisin de gauche. Je viens d'acheter la petite maison avec chambre, cuisine, salle de bains, living-room, pipi-room et placard aux balais...

LA VOISINE *(joignant les mains)*. — Hé là ! mon pauv' monsieur, v' avez ben du malheûr ! Si c'est pas une misère, un gentil p'tit jeune homme comme vous ! Enfin, p'têt' ben qu' vous vous en sortirez... Tant qu'y'a d' la vie, y'a d' l'espoir, comme on dit, et tant qu'on a la santé...

M. PIERRE. — Mais enfin, chère madame, pouvez-vous me dire au juste... !

LA VOISINE. — Excusez-moi, mon bon monsieur, mais j'ai mon rôti au four ! Faut qu' j'y alle vouèr si j'veux point qu'y grâle ! *(Elle sort.)*

M. PIERRE *(seul)*. — Dites donc, les petits enfants, c'est inquiétant, tout ça. Mais enfin, après tout, je n'ai qu'à faire attention ! Avant tout et surtout, ne pas chanter la petite chanson la nuit, à l'intérieur... C'est facile, en somme ! Entrons ! *(Il ouvre la porte de la maison.)* — Eh bien, mais c'est joli tout plein ! Charmante petite maison, avec tout ce qu'on m'a dit : chambre, cuisine, salle de bains, living-room, pipi-room... Et cette porte, là, au fond, qu'est-ce que c'est ? *(Il ouvre la porte.)* — Un balai, deux balais, trois balais... Ah ! j'y suis ! C'est le placard aux balais ! C'est là que la sorcière vient la nuit ! Oui, mais la nuit seulement, il fait encore grand jour... je n'ai donc pas à me gêner *(Il chante.)* — « Sorcière, sorcière... » *(Les aiguilles de la pendule tournent rapidement.)* — Hein ? Quoi ? Qu'est-ce qui se passe ? Déjà sept heures et demie ? Ce que le temps passe vite ! « Prends garde à ton derrière... » *(Les aiguilles tournent encore.)* — Comment ? Huit heures et quart, maintenant ? Oh ! mais ça me paraît louche ! — De quoi ? Ça bouge encore ? Neuf heures ? Il doit faire nuit, alors... Ce n'est plus le moment de chanter : « Sorcière, sorcière... » *(La porte vibre.)* — Hé là ! Qu'est-ce que c'est ? La porte du placard qui tremble... C'est la sorcière, vous croyez ? Elle m'a entendu, alors ? Mais pourquoi n'est-elle pas sortie ?... Ah ! je comprends ! Parce que je n'ai pas chanté la chanson jusqu'au bout ! — Oh ! mais attends ! Si c'est comme ça, ma vieille, on va bien s'amuser ! « Sorcière, sorcière... » Vous voyez comme elle est en colère ! — « Prends garde à... » — Rage, rage, tu auras du fromage ! — Et maintenant, allons un peu plus loin : « Prends garde à ton... » *(La porte tremble.)* — Ça marche ! Elle doit être furieuse, là-dedans ! — Et maintenant, écoutez tous, faites bien attention : « Sorcière, sorcière, prends garde à ton derrr... ! » — Non ! Tu ne peux pas sortir, je n'ai pas terminé ! *(La porte tremble violemment.)* — Oh ! que c'est amusant ! Pas vrai, les petits enfants ? Hein ? Quoi ? Qu'est-ce que vous dites ? Oui, vous avez raison, soyons un peu sérieux... Voyons, qu'est-ce que je vais faire ? Tiens ! je vais lire le journal ! *(Il tire un journal de sa poche et chantonne.)* « Sorcière, sorcière, prends garde à ton derrière ! » — Oh ! merde ! *(Il se met les deux mains sur la bouche.)*

LA SORCIÈRE *(surgissant du placard)*. — Ah ! vraiment ! Et pourquoi est-ce que je dois prendre garde à mon derrière ?

M. PIERRE. — Non, non ! Je n'ai rien dit ! Enfin, je veux dire... Ce n'est pas cela que je voulais dire !... Je ne l'ai pas fait exprès, voilà ! J'ai chanté ça, comme ça, sans y penser !

LA SORCIÈRE. — Sans y penser ? Menteur ! Depuis que tu es arrivé tu ne penses qu'à ça ! Tu te fichais bien de moi, n'est-ce pas, lorsque tu t'arrêtais au dernier mot, à la dernière syllabe ! Eh bien, maintenant, c'est à mon tour de rire un peu !

M. PIERRE *(à genoux)*. — Pitié, madame ! Je ne le ferai plus ! Plus jamais ! Je n'ai pas voulu vous offenser ! Je n'ai rien contre les sorcières, vous savez... J'aime beaucoup les sorcières ! J'ai d'excellentes amies sorcières... Ma pauvre mère était une sorcière ! Moi-même, je suis un peu sorcière...

LA SORCIÈRE. — Taratata ! Je ne te crois pas ! Mais puisque tu as la langue si bien pendue, je vais te laisser une chance. Lève-toi !

M. PIERRE *(se relevant)*. — Oui, madame la sorcière...

LA SORCIÈRE. — Écoute-moi, à présent. Tu m'écoutes ?

M. PIERRE. — Oui, madame la sorcière...

LA SORCIÈRE. — Je te donne jusqu'à minuit pour me demander quelque chose d'impossible !

M. PIERRE. — Quelque chose d'impossible, oui, madame la sorcière.

LA SORCIÈRE. — Ne dis pas tout le temps oui, comme ça, tu m'agaces ! Tu comprends ce que je te dis, au moins ?

M. PIERRE. — Euh... non, madame la sorcière !

LA SORCIÈRE. — Je l'aurais parié ! Écoute, je suis encore bonne fille, je t'accorde trois essais. Autrement dit, avant minuit, tu dois me demander trois choses. Si je te les donne toutes les trois, je t'emporte. Mais si, une seule de ces trois choses, je n'arrive pas à te la donner, alors je disparais pour toujours, tu ne me verras plus !

M. PIERRE. — Hum ! Trois choses impossibles... avant minuit... Ce n'est pas facile ! Vous permettez que je réfléchisse ?

LA SORCIÈRE. — Prends tout ton temps, je ne suis pas pressée ! Quand tu voudras me rappeler... tu sais ce qu'il faut faire, n'est-ce pas ? Hahaha ! *(Elle rentre dans le placard.)*

M. PIERRE. — Elle est partie ? Tant mieux ! Je vais téléphoner à mon ami Bachir ! *(Il appelle au téléphone.)* — Allô, Bachir ?

BACHIR *(Il entre, s'installe à la table de droite et décroche le second téléphone.)* — Allô ? Oui, c'est moi. Qui est à l'appareil ? Ah ! c'est vous, monsieur Pierre ! Mais je vous entends très mal, pourquoi parlez-vous si bas ?... Ah ! je comprends ! La sorcière ! Il ne faut pas qu'elle vous entende !... C'est bon, je vous écoute... Oui... Oui... Une chose impossible ? Une seconde, voulez-vous ? *(Il parle au-dessus du bocal.)* — Po po po po po po...

M. PIERRE. — Qu'est-ce que tu dis ? Je ne te comprends pas !

BACHIR. — Ce n'est pas à vous que je parle, c'est à mes petits poissons magiques... Taisez-vous, maintenant, que j'écoute leur réponse... Ah ! voilà ! Vous m'entendez, monsieur Pierre ? Demandez à la sorcière des bijoux en caoutchouc qui brillent comme des vrais ! Et rappelez-moi ensuite pour me dire si ça a marché. D'accord ? A tout à l'heure ! *(Il raccroche.)*

M. PIERRE. — Merci, Bachir ! *(Il raccroche aussi.)* — Ça, c'est une bonne idée ! Vous vous rendez compte, les enfants ? Des bijoux en caoutchouc qui brillent comme des vrais ! Ça ne peut pas exister... Alors, je l'appelle, la sorcière ? Attention : une, deux, trois ! « Sorcière, sorcière, prends garde à ton derrière ! » *(La porte s'ouvre brusquement ; la sorcière apparaît).* — Ah ! vous m'avez fait peur !

LA SORCIÈRE. — Tant mieux, tant mieux ! Alors qu'est-ce que tu veux ?

M. PIERRE *(très sûr de lui).* — Je veux des bijoux en caoutchouc qui brillent comme des vrais !

LA SORCIÈRE. — Ha ha ! Cette idée-là n'est pas de toi ! Mais ça ne fait rien ! Voilà ! *(Elle tire de son corsage une poignée de bijoux.)*

M. PIERRE. *(Il les examine.)* — Non, pas possible ! Ils sont mous comme du caoutchouc... et ils brillent comme des bijoux !

LA SORCIÈRE. — Alors, à tout à l'heure ! Tu n'as plus que deux demandes à faire avant minuit ! *(Elle rentre dans le placard.)* — Hihihi !

M. PIERRE. — Avant minuit... Au fait, quelle heure est-il ? *(Il regarde la pendule.)* — Oh ! zut ! déjà dix heures ! Il faut que je rappelle Bachir ! *(Au téléphone.)* — Allô, Bachir ! C'est moi, monsieur Pierre !

BACHIR. — Ah ! c'est vous, monsieur Pierre ! Alors ? Ça a marché ?

M. PIERRE. — Eh non, ça n'a pas marché ! Les bijoux en caoutchouc, la sorcière me les a donnés tout de suite ! A minuit elle va m'emporter !

BACHIR. — Mais non, ne vous en faites pas ! Je vais redemander à mes petits poissons ! *(Au-dessus du bocal.)* — Po po po po po po po po !

M. PIERRE *(après un temps)*. — Alors ?

BACHIR. — Allô, vous m'entendez, monsieur Pierre ? Cette fois, demandez à la sorcière une branche de l'arbre à macaronis. Vous savez bien que les macaronis ne poussent pas sur les arbres ? Et rappelez-moi ensuite pour me dire si ça a marché ! A bientôt ! *(Il raccroche.)*

M. PIERRE. — Formidable ! Merci, Bachir ! *(Il raccroche.)* — Alors, mes petits enfants, je la rappelle, la sorcière ? Tenez, si vous le voulez, appelons-la tous ensemble ! « Sorcière, sorcière, prends garde à ton derrière ! » *(La sorcière apparaît brusquement.)* — Ah ! non, je vous en supplie ! N'arrivez pas si brutalement ! A chaque fois, ça me fait un coup au cœur !

LA SORCIÈRE. — Héhéhé ! C'est exprès ! Mais si tu veux, la prochaine fois, j'arriverai tout doucement ! — Alors ? Qu'est-ce que tu demandes ?

M. PIERRE. — Je veux... une branche de l'arbre à macaronis !

LA SORCIÈRE. — Hihi ! Cette idée-là n'est pas de toi ! Mais ce qui est promis est promis ! *(Elle tire la branche de son corsage.)*

M. PIERRE *(effondré)*. — Non, c'est pas vrai ! Une branche de macaronis... des feuilles en nouilles... des fleurs en coquillettes... et des petites graines en forme de lettres de l'alphabet !

LA SORCIÈRE. — Alors, à tout à l'heure pour la troisième et dernière demande ! Avant minuit, souviens-toi bien ! Et tâche d'être un peu plus malin ! Hinhinhinhin ! *(Elle rentre dans le placard.)*

M. PIERRE. — Oh, non, non, non, c'est trop affreux ! *(Il s'assied par terre.)* — Eh bien tant pis, je ne bouge plus, vivement minuit, tiens, que la sorcière m'emporte ! *(Un temps.)* — Hein ? Quoi ? Qu'est-ce que vous dites ? Que j'appelle Bachir ? Mais ça ne sert à rien, vous avez bien vu ! Il n'y peut rien, Bachir ! Quant à ses petits poissons, ils sont tout juste bons à faire de la friture ! Non, je n'appelle pas Bachir, na ! Je me laisse emporter ! *(Le téléphone sonne.)*

— Oh ! bon Dieu ! c'est peut-être lui ! *(Il se relève d'un bond et décroche.)*

BACHIR *(au téléphone).* — Alors, monsieur Pierre ? Ça a marché ?

M. PIERRE. — Non ! Ça n'a pas marché ! Pas marché du tout ! Tes petits poissons, tu peux en faire de la soupe ! de la bouillabaisse !

BACHIR. — Ne criez pas si fort, monsieur Pierre, la sorcière va vous entendre !

M. PIERRE. — Qu'elle m'entende ou non, qu'est-ce que ça peut faire, maintenant ?

BACHIR. — Ne bougez pas une seconde ! — Po po po po po...

M. PIERRE. — Qu'est-ce quc tu dis ?

BACHIR. — Taisez-vous une minute, ils répondent !

M. PIERRE. — Ils répondent, ils répondent... Ça m'avance bien !

BACHIR. — Allô ! Vous m'écoutez, monsieur Pierre ?

M. PIERRE. — Oui...

BACHIR. — Vous demanderez à la sorcière la grenouille à cheveux. Cette fois elle ne pourra vraiment pas vous la donner, parce que la grenouille à cheveux, c'est la sorcière elle-même. Alors, ou bien elle vous la refuse, et donc elle doit disparaître, ou bien elle se transforme en grenouille à cheveux. Si elle le fait, vous vous jetez sur elle, vous lui enlevez ses cheveux verts, comme ça elle n'est plus sorcière, ce n'est plus qu'une grenouille ordinaire. Vous avez compris ?

M. PIERRE. — Mais oui, mais oui, j'ai compris...

BACHIR. — Vous n'avez pas l'air d'y croire... Vous le ferez, au moins ?

M. PIERRE. — Mais oui, je le ferai ! Je n'y crois pas mais je le ferai !

BACHIR. — De toute façon, mieux vaut faire ça que rien du tout !

M. PIERRE. — Oh, ça, bien sûr ! Au moins, ça m'occupera ! Adieu, Bachir !

BACHIR. — Mais non, pas adieu ! Au revoir ! D'ailleurs quelle heure est-il ?

M. PIERRE. — Minuit moins le quart... Oh ! zut ! Déjà !

BACHIR. — Alors, faites vite ! Moi, pendant ce temps, je prends le métro et je vais vous rejoindre ! A tout de suite ! *(Il raccroche.)*

M. PIERRE. — Eh bien, c'est ça ! A tout de suite, ou à jamais ! *(Il raccroche.)* — Qu'en dites-vous, les enfants ? J'appelle la sorcière, ou non ? Vraiment ? Eh bien, puisque vous y tenez, appelons-la ensemble encore un coup ! « Sorcière, sorcière, prends garde à ton derrière ! » *(La porte s'ouvre très lentement.)* — Oh là là ! Qu'est-ce qu'elle mijote encore ? C'est encore plus effrayant que tout à l'heure !

LA SORCIÈRE. — Alors, mon petit mignon, c'est maintenant que je t'emporte ?

M. PIERRE. — Non !

LA SORCIÈRE. — En ce cas, parle ! Qu'est-ce que tu veux ? Dis-le !

M. PIERRE. — Je veux... je veux...

LA SORCIÈRE. — Dépêche-toi, il est minuit moins trois !

M. PIERRE. — Je veux... la grenouille à cheveux !

LA SORCIÈRE. — Hein ? Quoi ? Cette idée-là n'est pas de toi !

M. PIERRE. — Possible, mais qu'est-ce que ça change ?

LA SORCIÈRE. — Tu n'as pas le droit de me demander ça !

M. PIERRE. — Je peux demander n'importe quoi !

LA SORCIÈRE. — N'importe quoi, mais pas ça ! Trouve autre chose !

M. PIERRE. — Je ne veux pas autre chose ! Je veux la grenouille à cheveux !

LA SORCIÈRE. — Tu ne l'auras pas !

M. PIERRE. — Tu ne peux pas me la donner ? Alors, du vent !

LA SORCIÈRE. — Je peux très bien, mais je ne veux pas !

M. PIERRE. — Ça revient au même ! Fiche le camp !

LA SORCIÈRE. — Ah ! c'est comme ça ! Eh bien, tiens, la voilà, puisque tu la veux, ta grenouille à cheveux ! *(Elle s'accroupit, retourne sa robe sur sa tête : la doublure en est verte avec une tête de grenouille aux cheveux verts.)*

M. PIERRE. *(Il enlève les cheveux.)* — Victoire ! J'ai gagné ! *(On frappe.)* — Entrez ! C'est toi, Bachir ?

BACHIR *(entrant).* — C'est moi. Alors, ça a marché ? Il est minuit passé !

M. PIERRE. — Ça a marché, oui, oui ! Et mille fois merci ! Je retire tout ce que j'ai dit ! Tes petits poissons sont merveilleux, la friture n'est pas pour eux ! — Mais qu'est-ce qu'on fait de la grenouille, à présent ? Tu as une idée ?

BACHIR. — Bien sûr que j'en ai une ! On la mettra dans un bocal avec une échelle de bois, elle aura le derrière dans l'eau pour nous indiquer s'il fait beau.

M. PIERRE. — Ça, c'est une bonne idée ! Tu es d'accord, grenouille ?

LA SORCIÈRE. — Coap ! coap !

M. PIERRE. — Qu'est-ce qu'elle dit ?

BACHIR *(évasif)*. — Oh, rien, rien...

M. PIERRE. — Comment ça, rien ? Enfin, tu comprends bien le langage des poissons...

BACHIR. — Oui, bien sûr.

M. PIERRE. — Et tu ne comprends pas le langage des grenouilles ?

BACHIR. — Euh... si, aussi !

LA SORCIÈRE. — Coap ! coap !

M. PIERRE. — Alors, qu'est-ce qu'elle vient de dire ?

BACHIR. — Eh bien voilà : je le sais, mais je ne peux pas le répéter ! *(A voix basse.)* — Ce ne sont que des gros mots !

M. PIERRE. — Ah ! bon ! Très bien !

Bravo ! Eh bien, maintenant, chantons ensemble !

BACHIR *(il chante).*

La sorcière qui logeait
Dans le placard aux balais
Ne fera plus de misères
A ce pauvre monsieur Pierre !
Ell' ne fera plus de mal,
Elle ira dans un bocal
Avec un bouchon de liège
Pour y prendre un bain de siège
Et prédire à tout venant
La tempête et le beau temps !

LES DEUX ENSEMBLE.

Sorcière, sorcière,
Prends garde à ton derrière !
Tu ne peux rien contre nous,
Nous n'avons plus peur du tout !

M. PIERRE *(chantant).*

Messieurs-dames, chers enfants,
Les petits comme les grands,
Si vous êtes de passage,
Venez donc dans mon village !
Vous pourrez vous arrêter,
Déjeuner, dîner, coucher
Dans ma belle maisonnette,
Si pimpante, si proprette,
Et chanter toute la nuit
Sans risquer le moindre ennui !

LES DEUX ENSEMBLE.

Sorcière, sorcière,
Prends garde à ton derrière !
T'as beau dir' des grossièr'tés,
Tu n' peux plus nous emporter !

LA SORCIÈRE. — COAP ! COAP ! COAP ! *(Noir final.)*

TABLE

Cet ouvrage a été imprimé en France par

CPI
BUSSIÈRE

à Saint-Amand-Montrond (Cher)
en août 2010

N° d'édition : 16369. — N° d'impression : 102421/1
Première édition : dépôt légal : septembre 1989.
Nouveau tirage : dépôt légal : août 2010.